Endings Rules Ma

Endings Rules Made Easy is an explicit, step by step instructional guide for teachers and includes scaffolded student worksheets. Each section focuses on one of the 3 endings rules: when to double the final consonant, when to drop the silent e, and when to change the final y to i.

- Section 1 - One Syllable Doubling Rule
- Section 2 - The E Rule
- Section 3 - The Y Rule
- Section 4 - Two Syllable Doubling Rule

Each rule is broken into phases. Each phase begins with checking for background knowledge and connecting the new material to previously learned concepts.

Since this is a systematic approach that is cumulative and prescriptive, you will find that some students do not need all the worksheets in each phase and others will need them all. We have included word lists that you will find helpful as the rules are being taught.

Please note: traditionally the two syllable doubling rule is taught using syllable accent patterns. Due to the difficulty in hearing accents, we prefer to teach this rule using prior prefix knowledge.

This book is designed to be duplicated. There are no page numbers on the left-facing pages so that individual pages can be removed from the book and copied.

One Syllable Doubling Rule: Introducing Phase 1

Phase 1 focuses on **doubling** when the word has one vowel, ends in one consonant and the suffix begins with a vowel. To prepare your student, be sure they know what **doubling** means and can identify a short vowel.

Use Introduction to the One Syllable Doubling Rule Phase 1, page 3 with your student.

Student reads the word.
Tell your student:

- "The word has one vowel."
  - They will circle "yes."
- "The word ends in one consonant."
  - They will circle "yes."

Student reads the suffix.
Tell your student:

- "The suffix starts with a vowel."
  - They will circle "yes."
- "Double the consonant."
  - They will circle "yes."

Have them write the word.

Have them say the word.

Base word	The word has one vowel.	The word ends in one consonant.	Suffix	The suffix starts with a vowel.	Double the consonant.	Write the word. Say the word.
cut	yes no	yes no	ing	yes no	yes no	cutting
shed	yes no	yes no	ing	yes no	yes no	shedding

After completing the examples together on page 3, your student can then practice **Phase 1** on pages 4-8.

© 2018 Laughing Ogre Press. All rights reserved.
This work is licensed under a Creative Commons Attribution-Non-Commercial-NoDerivatives 4.0 International License.

INTRODUCTION to the One Syllable Doubling Rule Phase 1

Base word	The word has one vowel.	The word ends in one consonant.	Suffix	The suffix starts with a vowel.	Double the consonant.	Write the word. Say the word.
cut	yes no	yes no	ing	yes no	yes no	
shed	yes no	yes no	ing	yes no	yes no	
slap	yes no	yes no	ed	yes no	yes no	
crab	yes no	yes no	y	yes no	yes no	
fit	yes no	yes no	ing	yes no	yes no	
chip	yes no	yes no	ed	yes no	yes no	
slim	yes no	yes no	est	yes no	yes no	
shop	yes no	yes no	ing	yes no	yes no	
rip	yes no	yes no	ed	yes no	yes no	
mud	yes no	yes no	y	yes no	yes no	

One Syllable Doubling Rule Worksheet 1-a

Base word	Does the word have one vowel?	Does the word end in one consonant?	Suffix	Does the suffix start with a vowel?	Do you double the consonant?	Write the word. Say the word.
sit	yes no	yes no	ing	yes no	yes no	
sit	yes no	yes no	er	yes no	yes no	
flip	yes no	yes no	ing	yes no	yes no	
flip	yes no	yes no	er	yes no	yes no	
step	yes no	yes no	ed	yes no	yes no	
step	yes no	yes no	ing	yes no	yes no	
step	yes no	yes no	er	yes no	yes no	
can	yes no	yes no	ing	yes no	yes no	
can	yes no	yes no	ed	yes no	yes no	
can	yes no	yes no	er	yes no	yes no	
big	yes no	yes no	est	yes no	yes no	
big	yes no	yes no	er	yes no	yes no	
set	yes no	yes no	ing	yes no	yes no	
set	yes no	yes no	er	yes no	yes no	

One Syllable Doubling Rule Worksheet 1-b

Base word	Does the word have one vowel?	Does the word end in one consonant?	Suffix	Does the suffix start with a vowel?	Do you double the consonant?	Write the word. Say the word.
slip	yes no	yes no	ers	yes no	yes no	
slip	yes no	yes no	ing	yes no	yes no	
slip	yes no	yes no	ed	yes no	yes no	
drop	yes no	yes no	er	yes no	yes no	
drop	yes no	yes no	ed	yes no	yes no	
drop	yes no	yes no	ing	yes no	yes no	
mad	yes no	yes no	est	yes no	yes no	
mad	yes no	yes no	er	yes no	yes no	
mad	yes no	yes no	en	yes no	yes no	
red	yes no	yes no	ish	yes no	yes no	
red	yes no	yes no	er	yes no	yes no	
red	yes no	yes no	en	yes no	yes no	
drum	yes no	yes no	ed	yes no	yes no	
drum	yes no	yes no	er	yes no	yes no	
drum	yes no	yes no	ing	yes no	yes no	

One Syllable Doubling Rule Worksheet 1-c

Base word	Does the word have one vowel?	Does the word end in one consonant?	Suffix	Does the suffix start with a vowel?	Do you double the consonant?	Write the word. Say the word.
grub	yes no	yes no	y	yes no	yes no	
grub	yes no	yes no	ed	yes no	yes no	
grub	yes no	yes no	ing	yes no	yes no	
got	yes no	yes no	en	yes no	yes no	
beg	yes no	yes no	ed	yes no	yes no	
beg	yes no	yes no	ing	yes no	yes no	
chat	yes no	yes no	y	yes no	yes no	
chat	yes no	yes no	er	yes no	yes no	
chat	yes no	yes no	ing	yes no	yes no	
chat	yes no	yes no	ed	yes no	yes no	
slam	yes no	yes no	ed	yes no	yes no	
slam	yes no	yes no	ing	yes no	yes no	
slam	yes no	yes no	er	yes no	yes no	
trot	yes no	yes no	ing	yes no	yes no	
trot	yes no	yes no	ed	yes no	yes no	

One Syllable Doubling Rule Worksheet 1-d

Base word	Does the word have one vowel?	Does the word end in one consonant?	Suffix	Does the suffix start with a vowel?	Do you double the consonant?	Write the word. Say the word.
spot	yes no	yes no	ing	yes no	yes no	
spot	yes no	yes no	er	yes no	yes no	
blog	yes no	yes no	ing	yes no	yes no	
blog	yes no	yes no	ed	yes no	yes no	
blog	yes no	yes no	er	yes no	yes no	
slob	yes no	yes no	y	yes no	yes no	
slob	yes no	yes no	er	yes no	yes no	
bug	yes no	yes no	ing	yes no	yes no	
bug	yes no	yes no	ed	yes no	yes no	
bug	yes no	yes no	y	yes no	yes no	
thin	yes no	yes no	ing	yes no	yes no	
thin	yes no	yes no	er	yes no	yes no	
thin	yes no	yes no	est	yes no	yes no	
jam	yes no	yes no	ed	yes no	yes no	
jam	yes no	yes no	ing	yes no	yes no	

One Syllable Doubling Rule Worksheet 1-e

Base word	Does the word have one vowel?	Does the word end in one consonant?	Suffix	Does the suffix start with a vowel?	Do you double the consonant?	Write the word. Say the word.
stem	yes no	yes no	ing	yes no	yes no	
grip	yes no	yes no	er	yes no	yes no	
clog	yes no	yes no	ing	yes no	yes no	
dip	yes no	yes no	er	yes no	yes no	
stun	yes no	yes no	ed	yes no	yes no	
clap	yes no	yes no	ed	yes no	yes no	
zip	yes no	yes no	ing	yes no	yes no	
bum	yes no	yes no	er	yes no	yes no	
span	yes no	yes no	ing	yes no	yes no	
mat	yes no	yes no	ed	yes no	yes no	
chip	yes no	yes no	er	yes no	yes no	
snug	yes no	yes no	est	yes no	yes no	
rig	yes no	yes no	er	yes no	yes no	
clam	yes no	yes no	ing	yes no	yes no	
cut	yes no	yes no	er	yes no	yes no	

Doubling Rule List 1

blog	hip	thin
blogging	hippy	thinning
blogger	hipper	thinnest
blogs	hippest	thinner
blogged	hips	thins
flat	stop	shed
flattest	stopping	shedding
flatten	stopper	sheds
flatter	stopped	crab
gum	stoppable	crabby
gummy	zip	crabs
gums	zippy	slug
gummed	zipper	sluggish
blot	zipping	slugged
blotting	zipped	slugging
blotter	zips	slugger
blotted	mad	slugs
trim	madden	big
trimming	maddest	bigger
trimmest	madder	biggest
trimmed	jab	stub
trims	jabber	stubby
fret	jabbing	stubbed
fretting	jabbed	stubbing
fretted	jabs	stubs

Doubling Rule List 2

squat	net	snap
squatted	netting	snappy
squatter	netted	snapper
squatting	nets	snapped
strum	bob	snapping
strumming	bobbing	snaps
strums	bobber	scam
strummed	bobs	scamming
quiz	bobbed	scammed
quizzing	chum	scammer
quizzes	chummy	scams
quizzed	chummed	slot
hem	chumming	slotted
hemmed	ship	slots
hemming	shipping	grin
hems	shipper	grinning
hemmer	ships	grinned
clip	shipped	grins
clips	plot	pen
clipper	plotted	penny
clipped	plotting	penned
clipping	plots	penning

One Syllable Doubling Rule: Introducing Phase 2

Phase 2 focuses on **not doubling** the consonant since the suffix starts with a consonant.

Use **Introduction to the One Syllable Doubling Rule Phase 2**, page 12 with your student.

Student reads the word.

Tell your student:
- "The word has one vowel."
  - They will circle "yes."
- "The word ends in one consonant."
  - They will circle "yes."

Student reads the suffix.

Tell your student:
- "The suffix starts with a consonant"
  - They will circle "yes."
- "Add the suffix"
  - They will circle "yes."

Have them write the word.

Have them say the word.

Base word	The word has one vowel.	The word ends in one consonant.	Suffix	The suffix starts with a consonant.	Add the suffix.	Write the word. Say the word.
bad	(yes) no	(yes) no	ly	(yes) no	(yes) no	badly
skip	(yes) no	(yes) no	s	(yes) no	(yes) no	skips

After completing the examples together on page 12, your student can then practice **Phase 2** on pages 13-17.

INTRODUCTION to the One Syllable Doubling Rule Phase 2

Base word	The word has one vowel.	The word ends in one consonant.	Suffix	The suffix starts with a consonant.	Add the suffix.	Write the word. Say the word.
bad	yes no	yes no	ly	yes no	yes no	
skip	yes no	yes no	s	yes no	yes no	
spot	yes no	yes no	less	yes no	yes no	
ship	yes no	yes no	ment	yes no	yes no	
jog	yes no	yes no	s	yes no	yes no	
mad	yes no	yes no	ness	yes no	yes no	
stem	yes no	yes no	s	yes no	yes no	
flat	yes no	yes no	ly	yes no	yes no	
cap	yes no	yes no	less	yes no	yes no	
tug	yes no	yes no	s	yes no	yes no	

One Syllable Doubling Rule Worksheet 2-a

Base word	Does the word have one vowel?	Does the word end in one consonant?	Suffix	Does the suffix start with a vowel?	Do you double the consonant?	Write the word. Say the word.
hat	yes no	yes no	less	yes no	yes no	
flip	yes no	yes no	s	yes no	yes no	
sad	yes no	yes no	ly	yes no	yes no	
can	yes no	yes no	s	yes no	yes no	
dim	yes no	yes no	ness	yes no	yes no	
slip	yes no	yes no	s	yes no	yes no	
cap	yes no	yes no	less	yes no	yes no	
smug	yes no	yes no	ly	yes no	yes no	
sad	yes no	yes no	ness	yes no	yes no	
drum	yes no	yes no	s	yes no	yes no	
tub	yes no	yes no	ful	yes no	yes no	
drag	yes no	yes no	s	yes no	yes no	
job	yes no	yes no	less	yes no	yes no	
beg	yes no	yes no	s	yes no	yes no	
sap	yes no	yes no	ling	yes no	yes no	

© 2018 Laughing Ogre Press. All rights reserved.

This work is licensed under a Creative Commons Attribution-Non-Commercial-NoDerivatives 4.0 International License.

One Syllable Doubling Rule Worksheet 2-b

Base word	Does the word have one vowel?	Does the word end in one consonant?	Suffix	Does the suffix start with a vowel?	Do you double the consonant?	Write the word. Say the word.
spot	yes no	yes no	s	yes no	yes no	
spot	yes no	yes no	less	yes no	yes no	
log	yes no	yes no	s	yes no	yes no	
slob	yes no	yes no	s	yes no	yes no	
bug	yes no	yes no	s	yes no	yes no	
sit	yes no	yes no	s	yes no	yes no	
plan	yes no	yes no	ful	yes no	yes no	
plan	yes no	yes no	less	yes no	yes no	
rim	yes no	yes no	less	yes no	yes no	
smug	yes no	yes no	ness	yes no	yes no	
fret	yes no	yes no	ful	yes no	yes no	
glad	yes no	yes no	ness	yes no	yes no	
glad	yes no	yes no	ly	yes no	yes no	
kin	yes no	yes no	ship	yes no	yes no	
dim	yes no	yes no	ly	yes no	yes no	

One Syllable Doubling Rule Worksheet 2-c Cumulative Review Phases 1-2

Base word	Does the word have one vowel?	Does the word end in one consonant?	Suffix	Does the suffix start with a vowel?	Do you double the consonant?	Write the word. Say the word.
bit	yes no	yes no	en	yes no	yes no	
man	yes no	yes no	ly	yes no	yes no	
skin	yes no	yes no	less	yes no	yes no	
map	yes no	yes no	ed	yes no	yes no	
flop	yes no	yes no	ing	yes no	yes no	
clog	yes no	yes no	ed	yes no	yes no	
stun	yes no	yes no	ing	yes no	yes no	
drop	yes no	yes no	er	yes no	yes no	
fan	yes no	yes no	ing	yes no	yes no	
run	yes no	yes no	er	yes no	yes no	
hem	yes no	yes no	ed	yes no	yes no	
rim	yes no	yes no	less	yes no	yes no	
pig	yes no	yes no	y	yes no	yes no	
slit	yes no	yes no	ing	yes no	yes no	
grip	yes no	yes no	er	yes no	yes no	

© 2018 Laughing Ogre Press. All rights reserved.

This work is licensed under a Creative Commons Attribution-Non-Commercial-NoDerivatives 4.0 International License.

One Syllable Doubling Rule Worksheet 2-d Cumulative Review Phases 1-2

Base word	Does the word have one vowel?	Does the word end in one consonant?	Suffix	Does the suffix start with a vowel?	Do you double the consonant?	Write the word. Say the word.
peg	yes no	yes no	ed	yes no	yes no	
strap	yes no	yes no	less	yes no	yes no	
crop	yes no	yes no	ing	yes no	yes no	
rid	yes no	yes no	en	yes no	yes no	
nip	yes no	yes no	ed	yes no	yes no	
sun	yes no	yes no	less	yes no	yes no	
span	yes no	yes no	ing	yes no	yes no	
slot	yes no	yes no	ed	yes no	yes no	
pet	yes no	yes no	ing	yes no	yes no	
tin	yes no	yes no	y	yes no	yes no	
nod	yes no	yes no	ing	yes no	yes no	
glad	yes no	yes no	ly	yes no	yes no	
fret	yes no	yes no	ing	yes no	yes no	
ship	yes no	yes no	ment	yes no	yes no	
glum	yes no	yes no	ly	yes no	yes no	

One Syllable Doubling Rule Worksheet 2-e Cumulative Review Phases 1-2

Base word	Does the word have one vowel?	Does the word end in one consonant?	Suffix	Does the suffix start with a vowel?	Do you double the consonant?	Write the word. Say the word.
bag	yes no	yes no	er	yes no	yes no	
yum	yes no	yes no	y	yes no	yes no	
snug	yes no	yes no	ly	yes no	yes no	
gag	yes no	yes no	ed	yes no	yes no	
chap	yes no	yes no	ed	yes no	yes no	
rim	yes no	yes no	less	yes no	yes no	
net	yes no	yes no	ing	yes no	yes no	
blot	yes no	yes no	ed	yes no	yes no	
hem	yes no	yes no	ing	yes no	yes no	
dip	yes no	yes no	er	yes no	yes no	
sled	yes no	yes no	ing	yes no	yes no	
drip	yes no	yes no	less	yes no	yes no	
slug	yes no	yes no	ish	yes no	yes no	
kit	yes no	yes no	en	yes no	yes no	

One Syllable Doubling Rule: Introducing Phase 3

Phase 3 focuses on **not doubling** the consonant since the word ends in more than one consonant. This phase will also address r controlled vowels. Check that your student understands what this means.

Use **Introduction to the One Syllable Doubling Rule Phase 3**, page 19 with your student.

Student reads the word.
Tell your student:
- "The word has one vowel."
    - They will circle "yes."
- "The word ends in more than one consonant."
    - They will circle "yes."

Student reads the suffix.
Tell your student:
- "The suffix starts with a vowel."
    - They will circle "yes."
- "Add the suffix."
    - They will circle "yes."

Have them write the word.
Have them say the word.

Base word	The word has one vowel.	The word ends in more than one consonant.	Suffix	Add the suffix.	Write the word. Say the word.
thank	(yes) no	(yes) no	ing	(yes) no	thanking
pump	(yes) no	(yes) no	ed	(yes) no	pumped

After completing the examples together on page 19, your student can then practice **Phase 3** on pages 20-23.

INTRODUCTION to the One Syllable Doubling Rule Phase 3

Base word	The word has one vowel.	The word ends in more than one consonant.	Suffix	Add the suffix.	Write the word. Say the word.
thank	yes no	yes no	ing	yes no	
pump	yes no	yes no	ed	yes no	
sing	yes no	yes no	er	yes no	
lock	yes no	yes no	ed	yes no	
patch	yes no	yes no	es	yes no	
small	yes no	yes no	est	yes no	
add	yes no	yes no	ing	yes no	
milk	yes no	yes no	ed	yes no	
tilt	yes no	yes no	ing	yes no	
send	yes no	yes no	er	yes no	
form	yes no	yes no	ed	yes no	
park	yes no	yes no	ing	yes no	

One Syllable Doubling Rule Worksheet 3-a

Base word	Does the word have one vowel?	Does the word end in one consonant?	Suffix	Do you double the consonant?	Write the word. Say the word.
junk	yes no	yes no	y	yes no	
back	yes no	yes no	er	yes no	
blink	yes no	yes no	ed	yes no	
jump	yes no	yes no	er	yes no	
storm	yes no	yes no	ed	yes no	
pass	yes no	yes no	ing	yes no	
sing	yes no	yes no	ing	yes no	
scamp	yes no	yes no	er	yes no	
click	yes no	yes no	ed	yes no	
dust	yes no	yes no	y	yes no	
sort	yes no	yes no	ing	yes no	
act	yes no	yes no	ed	yes no	
risk	yes no	yes no	ing	yes no	
bench	yes no	yes no	es	yes no	
pitch	yes no	yes no	ed	yes no	

One Syllable Doubling Rule Worksheet 3-b

Base word	Does the word have one vowel?	Does the word end in one consonant?	Suffix	Do you double the consonant?	Write the word. Say the word.
catch	yes no	yes no	es	yes no	
pinch	yes no	yes no	ed	yes no	
dress	yes no	yes no	ing	yes no	
bump	yes no	yes no	y	yes no	
mess	yes no	yes no	ing	yes no	
ask	yes no	yes no	ed	yes no	
stock	yes no	yes no	ing	yes no	
fill	yes no	yes no	er	yes no	
mark	yes no	yes no	ed	yes no	
egg	yes no	yes no	y	yes no	
mist	yes no	yes no	ing	yes no	
hand	yes no	yes no	y	yes no	
silk	yes no	yes no	en	yes no	
charm	yes no	yes no	ing	yes no	
melt	yes no	yes no	ed	yes no	

One Syllable Doubling Rule Worksheet 3-c Cumulative Review Phases 1-3

Base word	Does the word have one vowel?	Does the word end in one consonant?	Suffix	Does the suffix start with a vowel?	Do you double the consonant?	Write the word. Say the word.
match	yes no	yes no	ing	yes no	yes no	
pack	yes no	yes no	ed	yes no	yes no	
slip	yes no	yes no	er	yes no	yes no	
beg	yes no	yes no	ing	yes no	yes no	
hat	yes no	yes no	less	yes no	yes no	
odd	yes no	yes no	est	yes no	yes no	
spill	yes no	yes no	ing	yes no	yes no	
fog	yes no	yes no	y	yes no	yes no	
dark	yes no	yes no	ness	yes no	yes no	
harm	yes no	yes no	less	yes no	yes no	
trend	yes no	yes no	ing	yes no	yes no	
grump	yes no	yes no	y	yes no	yes no	
skin	yes no	yes no	ed	yes no	yes no	
bang	yes no	yes no	ing	yes no	yes no	
thin	yes no	yes no	est	yes no	yes no	

One Syllable Doubling Rule Worksheet 3-d Cumulative Review Phases 1-3

Base word	Does the word have one vowel?	Does the word end in one consonant?	Suffix	Does the suffix start with a vowel?	Do you double the consonant?	Write the word. Say the word.
twitch	yes no	yes no	ing	yes no	yes no	
quick	yes no	yes no	est	yes no	yes no	
stop	yes no	yes no	er	yes no	yes no	
belt	yes no	yes no	ed	yes no	yes no	
just	yes no	yes no	ly	yes no	yes no	
shun	yes no	yes no	ed	yes no	yes no	
drink	yes no	yes no	ing	yes no	yes no	
class	yes no	yes no	y	yes no	yes no	
soft	yes no	yes no	ness	yes no	yes no	
end	yes no	yes no	less	yes no	yes no	
brim	yes no	yes no	ing	yes no	yes no	
craft	yes no	yes no	y	yes no	yes no	
short	yes no	yes no	ed	yes no	yes no	
zap	yes no	yes no	ing	yes no	yes no	
big	yes no	yes no	est	yes no	yes no	

© 2018 Laughing Ogre Press. All rights reserved.
This work is licensed under a Creative Commons Attribution-Non-Commercial-NoDerivatives 4.0 International License.

One Syllable Doubling Rule: Introducing Phase 4

Phase 4 focuses on **not doubling** the consonant since there is a vowel pair (may be referred to as a double vowel, a vowel combination or a vowel team.) Check that your student understands what this means. Due to its inconsistency, we do not use "When two vowels go walking, the first one does the talking." A vowel pair is two vowels side by side making one vowel sound. Don't forget: a vowel with a y or w is a vowel pair (day, boy, key, low, law, new)

Use **Introduction to the One Syllable Doubling Rule Phase 4**, page 25 with your student.

    Student reads the word.

    Tell your student:

- "The word has more than one vowel."
  - They will circle "yes."

    Student reads the suffix.

    Tell your student:

- "Add the suffix."
  - They will circle "yes."

    Have them write the word.

    Have them say the word.

Base word	The word has more than one vowel.	Suffix	Add the suffix.	Write the word. Say the word.
fool	(yes) no	ish	(yes) no	foolish
stay	(yes) no	ed	(yes) no	stayed

After completing the examples together on page 25, your student can then practice **Phase 4** on pages 26-29.

INTRODUCTION to the One Syllable Doubling Rule Phase 4

Base word	The word has more than one vowel.	Suffix	Add the suffix.	Write the word. Say the word.
fool	yes no	ish	yes no	
stay	yes no	ed	yes no	
law	yes no	less	yes no	
spoil	yes no	ed	yes no	
toy	yes no	ing	yes no	
train	yes no	ed	yes no	
plow	yes no	ing	yes no	
sweet	yes no	ness	yes no	
grow	yes no	ing	yes no	
join	yes no	ed	yes no	

One Syllable Doubling Rule Worksheet 4-a

Base word	Does the word have one vowel?	Suffix	Do you double the consonant?	Write the word. Say the word.
soon	yes no	er	yes no	
deep	yes no	est	yes no	
train	yes no	er	yes no	
zoom	yes no	ed	yes no	
broil	yes no	ing	yes no	
joy	yes no	ful	yes no	
snow	yes no	y	yes no	
book	yes no	ing	yes no	
clown	yes no	ed	yes no	
boil	yes no	er	yes no	
steam	yes no	ed	yes no	
scoop	yes no	ing	yes no	
boy	yes no	ish	yes no	
pain	yes no	less	yes no	
play	yes no	ful	yes no	

One Syllable Doubling Rule Worksheet 4-b

Base word	Does the word have one vowel?	Suffix	Do you double the consonant?	Write the word. Say the word.
pay	yes no	ment	yes no	
crowd	yes no	ed	yes no	
cook	yes no	er	yes no	
snoop	yes no	ed	yes no	
scout	yes no	ing	yes no	
need	yes no	less	yes no	
mood	yes no	y	yes no	
pout	yes no	ing	yes no	
nail	yes no	ed	yes no	
dream	yes no	er	yes no	
flaw	yes no	ed	yes no	
room	yes no	ing	yes no	
grain	yes no	y	yes no	
weak	yes no	ness	yes no	
spoon	yes no	ful	yes no	

© 2018 Laughing Ogre Press. All rights reserved.

This work is licensed under a Creative Commons Attribution-Non-Commercial-NoDerivatives 4.0 International License.

One Syllable Doubling Rule Worksheet 4-c Cumulative Review Phases 1-4

Base word	Does the word have one vowel?	Does the word end in one consonant?	Suffix	Does the suffix start with a vowel?	Do you double the consonant?	Write the word. Say the word.
droop	yes no	yes no	s	yes no	yes no	
melt	yes no	yes no	ed	yes no	yes no	
blink	yes no	yes no	er	yes no	yes no	
grip	yes no	yes no	ing	yes no	yes no	
rain	yes no	yes no	ed	yes no	yes no	
sail	yes no	yes no	ing	yes no	yes no	
big	yes no	yes no	est	yes no	yes no	
grow	yes no	yes no	er	yes no	yes no	
whip	yes no	yes no	ed	yes no	yes no	
help	yes no	yes no	less	yes no	yes no	
dim	yes no	yes no	ing	yes no	yes no	
hang	yes no	yes no	er	yes no	yes no	
sleep	yes no	yes no	ing	yes no	yes no	
mad	yes no	yes no	ness	yes no	yes no	

One Syllable Doubling Rule Worksheet 4-d Cumulative Review Phases 1-4

Base word	Does the word have one vowel?	Does the word end in one consonant?	Suffix	Does the suffix start with a vowel?	Do you double the consonant?	Write the word. Say the word.
loop	yes no	yes no	y	yes no	yes no	
smell	yes no	yes no	ed	yes no	yes no	
chomp	yes no	yes no	ing	yes no	yes no	
pen	yes no	yes no	ed	yes no	yes no	
toil	yes no	yes no	ing	yes no	yes no	
claw	yes no	yes no	ed	yes no	yes no	
proud	yes no	yes no	est	yes no	yes no	
hot	yes no	yes no	er	yes no	yes no	
boy	yes no	yes no	ish	yes no	yes no	
mind	yes no	yes no	less	yes no	yes no	
scan	yes no	yes no	ing	yes no	yes no	
sweep	yes no	yes no	er	yes no	yes no	
gulp	yes no	yes no	ing	yes no	yes no	

One Syllable Doubling Rule: Introducing Phase 5

Phase 5 focuses on words ending with the letter x, which is **never doubled**. The sound for x contains two phonemes /ks/ and follows the pattern for words that end in two consonants. For example: land + ed = landed.

Use **Introduction to the One Syllable Doubling Rule Phase 5**, page 31 with your student.

Student reads the word.

Tell your student:
- "The word has one vowel."
  - They will circle "yes."
- "The word ends in an x."
  - They will circle "yes."

Student reads the suffix.

Tell your student:
- "Add the suffix."
  - They will circle "yes."

Have them write the word.

Have them say the word.

Base word	The word has one vowel.	The word ends in an x.	Suffix	Add the suffix.	Write the word. Say the word.
fix	(yes) no	(yes) no	er	(yes) no	fixer
tax	(yes) no	(yes) no	ed	(yes) no	taxed

After completing the examples together on page 31, your student can then practice **Phase 5** on pages 32-33.

INTRODUCTION to the One Syllable Doubling Rule Phase 5

Base word	The word has one vowel.	The word ends in an x.	Suffix	Add the suffix.	Write the word. Say the word.
fix	yes no	yes no	er	yes no	
tax	yes no	yes no	ed	yes no	
box	yes no	yes no	ing	yes no	
fox	yes no	yes no	es	yes no	
mix	yes no	yes no	ed	yes no	
max	yes no	yes no	ing	yes no	
ax	yes no	yes no	es	yes no	
ox	yes no	yes no	en	yes no	
six	yes no	yes no	es	yes no	
fax	yes no	yes no	ed	yes no	

One Syllable Doubling Rule Worksheet 5-a

Base word	Does the word have one vowel?	Does the word end in an x?	Suffix	Do you double the x?	Write the word. Say the word.
fix	yes no	yes no	ing	yes no	
fix	yes no	yes no	er	yes no	
mix	yes no	yes no	ed	yes no	
tax	yes no	yes no	es	yes no	
tax	yes no	yes no	ing	yes no	
max	yes no	yes no	ed	yes no	
box	yes no	yes no	y	yes no	
box	yes no	yes no	ed	yes no	
fax	yes no	yes no	ing	yes no	
tux	yes no	yes no	es	yes no	
fix	yes no	yes no	es	yes no	
fox	yes no	yes no	y	yes no	
mix	yes no	yes no	ing	yes no	
mix	yes no	yes no	es	yes no	
max	yes no	yes no	es	yes no	

One Syllable Doubling Rule Worksheet 5-b Cumulative Review Phases 1-5

Base word	Does the word have one vowel?	Does the word end in one consonant?	Suffix	Does the suffix start with a vowel?	Do you double the consonant?	Write the word. Say the word.
mix	yes no	yes no	er	yes no	yes no	
bank	yes no	yes no	ing	yes no	yes no	
toil	yes no	yes no	ed	yes no	yes no	
run	yes no	yes no	ing	yes no	yes no	
dip	yes no	yes no	er	yes no	yes no	
sting	yes no	yes no	ing	yes no	yes no	
mad	yes no	yes no	en	yes no	yes no	
silk	yes no	yes no	y	yes no	yes no	
sleep	yes no	yes no	less	yes no	yes no	
joy	yes no	yes no	ful	yes no	yes no	
zip	yes no	yes no	er	yes no	yes no	
jam	yes no	yes no	ed	yes no	yes no	
tax	yes no	yes no	ing	yes no	yes no	
wait	yes no	yes no	er	yes no	yes no	
plop	yes no	yes no	ing	yes no	yes no	

© 2018 Laughing Ogre Press. All rights reserved.

This work is licensed under a Creative Commons Attribution-Non-Commercial-NoDerivatives 4.0 International License.

One Syllable Doubling Rule: Introducing Phase 6, Part 1

Phase 6, Part 1 focuses on adding a suffix that starts with a vowel to words ending with r. The r is **doubled**. Check to see that your student understands what r controlled vowels are.

Use **Introduction to the One Syllable Doubling Rule Phase 6, part 1**, page 35 with your student.

Student reads the word.

Tell your student:
- "The word has one vowel."
  - They will circle "yes."
- "The word ends in an r."
  - They will circle "yes."

Student reads the suffix.

Tell your student:
- "The suffix starts with a vowel."
  - They will circle "yes."
- "Double the r."
  - They will circle "yes."

Have them write the word.

Have them say the word.

Base word	The word has one vowel.	The word ends in an r.	Suffix	The suffix starts with a vowel.	Double the r.	Write the word. Say the word.
star	(yes) no	(yes) no	ed	(yes) no	(yes) no	starred
spur	(yes) no	(yes) no	ed	(yes) no	(yes) no	spurred

After completing the examples together on page 35, your student can then practice **Phase 6, part 1** on page 37.

INTRODUCTION to the One Syllable Doubling Rule Phase 6-part 1

Base word	The word has one vowel.	The word ends in an r.	Suffix	The suffix starts with a vowel.	Double the r.	Write the word. Say the word.
star	yes no	yes no	ed	yes no	yes no	
spur	yes no	yes no	ed	yes no	yes no	
tar	yes no	yes no	ed	yes no	yes no	
stir	yes no	yes no	ing	yes no	yes no	
char	yes no	yes no	ed	yes no	yes no	
fur	yes no	yes no	y	yes no	yes no	
slur	yes no	yes no	ed	yes no	yes no	
scar	yes no	yes no	ing	yes no	yes no	
tar	yes no	yes no	ing	yes no	yes no	
star	yes no	yes no	y	yes no	yes no	

© 2018 Laughing Ogre Press. All rights reserved.
This work is licensed under a Creative Commons Attribution-Non-Commercial-NoDerivatives 4.0 International License.

words ending in r controls

car	her
war	per
tar	blur
bar	slur
par	fur
far	spur
mar	stir
jar	whir
spar	sir
star	fir
char	for
scar	
tzar	
czar	

One Syllable Doubling Rule Worksheet 6-a

Base word	Does the word have one vowel?	Does the word end in an r?	Suffix	Does the suffix start with a vowel?	Do you double the r?	Write the word. Say the word.
star	yes no	yes no	ed	yes no	yes no	
whir	yes no	yes no	ing	yes no	yes no	
blur	yes no	yes no	y	yes no	yes no	
stir	yes no	yes no	ed	yes no	yes no	
spar	yes no	yes no	ing	yes no	yes no	
char	yes no	yes no	ed	yes no	yes no	
tar	yes no	yes no	y	yes no	yes no	
slur	yes no	yes no	ing	yes no	yes no	
mar	yes no	yes no	ed	yes no	yes no	
bar	yes no	yes no	ed	yes no	yes no	
jar	yes no	yes no	ing	yes no	yes no	
scar	yes no	yes no	ed	yes no	yes no	
war	yes no	yes no	ing	yes no	yes no	
spur	yes no	yes no	ing	yes no	yes no	
fur	yes no	yes no	y	yes no	yes no	

One Syllable Doubling Rule: Introducing Phase 6, Part 2

Phase 6, Part 2 focuses on adding a suffix that starts with a consonant to words ending with r. The r is **not doubled**. Check to see that your student understands what r controlled vowels are.

Use **Introduction to the One Syllable Doubling Rule Phase 6, part 2**, page 39 with your student.

Student reads the word.

Tell your student:
- "The word has one vowel."
  - They will circle "yes."
- "The word ends in an r."
  - They will circle "yes."

Student reads the suffix.

Tell your student:
- "The suffix starts with a consonant."
  - They will circle "yes."
- "Add the suffix."
  - They will circle "yes."

Have them write the word.

Have them say the word.

Base word	The word has one vowel.	The word ends in an r.	Suffix	The suffix starts with a consonant.	Add the suffix.	Write the word. Say the word.
star	(yes) no	(yes) no	less	(yes) no	(yes) no	starless
spur	(yes) no	(yes) no	s	(yes) no	(yes) no	spurs

After completing the examples together on page 39, your student can then practice **Phase 6, part 2** on pages 40-43.

INTRODUCTION to the One Syllable Doubling Rule Phase 6-part 2

Base word	The word has one vowel.	The word ends in an r.	Suffix	The suffix starts with a consonant.	Add the suffix.	Write the word. Say the word.
star	yes no	yes no	less	yes no	yes no	
spur	yes no	yes no	s	yes no	yes no	
stir	yes no	yes no	s	yes no	yes no	
fur	yes no	yes no	less	yes no	yes no	
slur	yes no	yes no	s	yes no	yes no	
car	yes no	yes no	less	yes no	yes no	
car	yes no	yes no	ful	yes no	yes no	
char	yes no	yes no	s	yes no	yes no	
scar	yes no	yes no	less	yes no	yes no	
star	yes no	yes no	ling	yes no	yes no	

One Syllable Doubling Rule Worksheet 6-b

Base word	Does the word have one vowel?	Does the word end in an r?	Suffix	Does the suffix start with a vowel?	Do you double the r?	Write the word. Say the word.
star	yes no	yes no	dom	yes no	yes no	
her	yes no	yes no	s	yes no	yes no	
fur	yes no	yes no	less	yes no	yes no	
car	yes no	yes no	ful	yes no	yes no	
star	yes no	yes no	s	yes no	yes no	
scar	yes no	yes no	less	yes no	yes no	
blur	yes no	yes no	s	yes no	yes no	
star	yes no	yes no	let	yes no	yes no	
slur	yes no	yes no	s	yes no	yes no	
car	yes no	yes no	less	yes no	yes no	
star	yes no	yes no	ling	yes no	yes no	
char	yes no	yes no	s	yes no	yes no	
jar	yes no	yes no	ful	yes no	yes no	
bar	yes no	yes no	less	yes no	yes no	
stir	yes no	yes no	s	yes no	yes no	

r controls plus suffixes

car	bar	spar
cars	barring	sparred
carful	barred	sparring
her	bars	spars
hers	tar	fir
blur	tarred	firs
blurred	tarring	star
blurring	tarry	starling
blurry	tars	stardom
blurs	fur	starry
sir	furred	starring
war	furring	starred
warring	furry	starless
wars	furs	spur
warless	whir	spurred
per	whirring	spurring
slur	whirred	spurs
slurring	whirs	spurrer
slurred	far	spurless
slurs	jar	char
stir	jars	charred
stirred	jarred	charring
stirring	jarring	chars
stirs	jarful	for
stirrer		scar
		scarring
		scarred

One Syllable Doubling Rule Worksheet 6-c Cumulative Review Phases 1-6

Base word	Does the word have one vowel?	Does the word end in one consonant?	Suffix	Does the suffix start with a vowel?	Do you double the consonant?	Write the word. Say the word.
scar	yes no	yes no	ed	yes no	yes no	
flip	yes no	yes no	er	yes no	yes no	
tact	yes no	yes no	less	yes no	yes no	
jump	yes no	yes no	ing	yes no	yes no	
scan	yes no	yes no	ed	yes no	yes no	
mist	yes no	yes no	y	yes no	yes no	
trap	yes no	yes no	ed	yes no	yes no	
fur	yes no	yes no	y	yes no	yes no	
grab	yes no	yes no	ed	yes no	yes no	
stir	yes no	yes no	ing	yes no	yes no	
mom	yes no	yes no	y	yes no	yes no	
snap	yes no	yes no	er	yes no	yes no	
fix	yes no	yes no	es	yes no	yes no	
scrub	yes no	yes no	ing	yes no	yes no	
char	yes no	yes no	ed	yes no	yes no	

One Syllable Doubling Rule Worksheet 6-d Cumulative Review Phases 1-6

Base word	Does the word have one vowel?	Does the word end in one consonant?	Suffix	Does the suffix start with a vowel?	Do you double the consonant?	Write the word. Say the word.
star	yes no	yes no	ing	yes no	yes no	
skin	yes no	yes no	s	yes no	yes no	
win	yes no	yes no	er	yes no	yes no	
soil	yes no	yes no	ed	yes no	yes no	
scrap	yes no	yes no	ing	yes no	yes no	
must	yes no	yes no	y	yes no	yes no	
hoot	yes no	yes no	ed	yes no	yes no	
tux	yes no	yes no	es	yes no	yes no	
thin	yes no	yes no	est	yes no	yes no	
duck	yes no	yes no	ling	yes no	yes no	
dad	yes no	yes no	y	yes no	yes no	
sad	yes no	yes no	ness	yes no	yes no	
max	yes no	yes no	ed	yes no	yes no	
red	yes no	yes no	en	yes no	yes no	
slop	yes no	yes no	y	yes no	yes no	

© 2018 Laughing Ogre Press. All rights reserved.

This work is licensed under a Creative Commons Attribution-Non-Commercial-NoDerivatives 4.0 International License.

doubling rule all phases

stirring	blacken	boyhood
marker	ripper	jerky
bitten	grooming	mugged
panned	sloppy	dresser
streamer	treatment	snapping
biggest	couches	fatten
reddish	handsome	trotted
stardom	grumpy	clawed
joyful	slipper	singing
madly	blurry	scooper
roaring	spunky	sprained
bulky	skinned	briskly
trainer	hearing	crammed
boiling	boarded	bragging
scarred	scorning	gummy
kinship	zipped	barred
goodness	batter	stemmed
cheerful	pitcher	sleeping
flatten	rubbed	stormed
grinned	glowing	peppy
chubby	busted	smallest
zooming	wooden	capful
written	sippy	swatted
starlet	reddish	mindless
clotted	rotten	drummer
selfish	flossing	soggy

One Syllable Doubling Rule Worksheet 6-e Cumulative Review Phases 1-6

Base word	Does the word have one vowel?	Does the word end in one consonant?	Suffix	Does the suffix start with a vowel?	Do you double the consonant?	Write the word. Say the word.
blur	yes no	yes no	ing	yes no	yes no	
end	yes no	yes no	ed	yes no	yes no	
train	yes no	yes no	er	yes no	yes no	
scan	yes no	yes no	ing	yes no	yes no	
big	yes no	yes no	est	yes no	yes no	
wind	yes no	yes no	y	yes no	yes no	
mix	yes no	yes no	er	yes no	yes no	
thank	yes no	yes no	less	yes no	yes no	
flax	yes no	yes no	en	yes no	yes no	
hard	yes no	yes no	ly	yes no	yes no	
sip	yes no	yes no	ing	yes no	yes no	
form	yes no	yes no	s	yes no	yes no	
ax	yes no	yes no	ed	yes no	yes no	
skip	yes no	yes no	er	yes no	yes no	
gum	yes no	yes no	y	yes no	yes no	

E Rule: Introducing Phase 1

Phase 1 focuses on **dropping** the e when the suffix starts with a vowel. To prepare your student, be sure they know what **silent e** means (may be referred to as magic e or Vce).

Use **Introduction to the E Rule Phase 1**, page 47 with your student.

Student reads the word.
Tell your student:

- "The word ends in silent e."
  - They will circle "yes."

Student reads the suffix.
Tell your student:

- "The suffix starts with a vowel."
  - They will circle "yes."
- "Drop the e and add the suffix."
  - They will circle "yes."

Have them write the word.
Have them say the word.

Base word	The word ends in silent e.	Suffix	The suffix starts with a vowel.	Drop the e.	Write the word. Say the word.
share	(yes) no	ing	(yes) no	(yes) no	sharing
skate	(yes) no	ing	(yes) no	(yes) no	skating

After completing the examples together on page 47, your student can then practice **Phase 1** on pages 48-50.

INTRODUCTION to the E Rule Phase 1

Base word	The word ends in silent e.	Suffix	The suffix starts with a vowel.	Drop the e.	Write the word. Say the word.
share	yes no	ing	yes no	yes no	
skate	yes no	ing	yes no	yes no	
fire	yes no	ed	yes no	yes no	
slime	yes no	y	yes no	yes no	
rope	yes no	ing	yes no	yes no	
style	yes no	ed	yes no	yes no	
cute	yes no	est	yes no	yes no	
slice	yes no	ing	yes no	yes no	
like	yes no	able	yes no	yes no	
nose	yes no	y	yes no	yes no	

E Rule Worksheet Phase 1-a

Base word	Does the word end in silent e?	Suffix	Does the suffix start with a vowel?	Do you drop the e?	Write the word. Say the word.
spare	yes no	ing	yes no	yes no	
trade	yes no	ing	yes no	yes no	
name	yes no	ed	yes no	yes no	
love	yes no	able	yes no	yes no	
tire	yes no	ing	yes no	yes no	
type	yes no	ist	yes no	yes no	
shade	yes no	y	yes no	yes no	
rake	yes no	ing	yes no	yes no	
snore	yes no	ing	yes no	yes no	
price	yes no	ed	yes no	yes no	
froze	yes no	en	yes no	yes no	
pine	yes no	ing	yes no	yes no	
craze	yes no	y	yes no	yes no	
shine	yes no	er	yes no	yes no	
note	yes no	able	yes no	yes no	

E Rule Worksheet Phase 1-b

Base word	Does the word end in silent e?	Suffix	Does the suffix start with a vowel?	Do you drop the e?	Write the word. Say the word.
move	yes no	able	yes no	yes no	
fume	yes no	ing	yes no	yes no	
tile	yes no	ing	yes no	yes no	
skate	yes no	er	yes no	yes no	
care	yes no	ing	yes no	yes no	
race	yes no	ist	yes no	yes no	
babe	yes no	y	yes no	yes no	
grate	yes no	ing	yes no	yes no	
prune	yes no	ing	yes no	yes no	
space	yes no	ed	yes no	yes no	
give	yes no	en	yes no	yes no	
stare	yes no	ing	yes no	yes no	
cage	yes no	y	yes no	yes no	
pure	yes no	er	yes no	yes no	
prime	yes no	ing	yes no	yes no	

© 2018 Laughing Ogre Press. All rights reserved.
This work is licensed under a Creative Commons Attribution-Non-Commercial-NoDerivatives 4.0 International License.

E Rule Worksheet Phase 1-c multi-syllable words

Base word	Does the word end in silent e?	Suffix	Does the suffix start with a vowel?	Do you drop the e?	Write the word. Say the word.
delete	yes no	ing	yes no	yes no	
compute	yes no	ing	yes no	yes no	
retire	yes no	ed	yes no	yes no	
admire	yes no	able	yes no	yes no	
ignore	yes no	ing	yes no	yes no	
cascade	yes no	ing	yes no	yes no	
injure	yes no	y	yes no	yes no	
mistake	yes no	ing	yes no	yes no	
inhale	yes no	ing	yes no	yes no	
confuse	yes no	ed	yes no	yes no	
telescope	yes no	ic	yes no	yes no	
insure	yes no	ing	yes no	yes no	
expose	yes no	ed	yes no	yes no	
dispose	yes no	able	yes no	yes no	
compare	yes no	ing	yes no	yes no	

E Rule: Introducing Phase 2

Phase 2 focuses on **dropping** the e even in words that are not Vce.
To prepare your student, be sure they understand that silent e has other jobs:
- to make a c or g soft, as in lunge and force
- to keep the word from being a plural, as in goose
- to keep v from ending a word as in love
- consonant le words (may be referred to as stable final syllable) as in bubble
- other words such as haste that do not follow the Vce pattern

Use **Introduction to the E Rule Phase 2**, page 52 with your student.

Student reads the word.
Tell your student:
- "The word ends in silent e."
  - They will circle "yes."

Student reads the suffix.
Tell your student:
- "The suffix starts with a vowel."
  - They will circle "yes."
- "Drop the e and add the suffix."
  - They will circle "yes."

Have them write the word.
Have them say the word.

Base word	The word ends in silent e.	Suffix	The suffix starts with a vowel.	Drop the e.	Write the word. Say the word.
dance	(yes) no	ing	(yes) no	(yes) no	dancing
haste	(yes) no	y	(yes) no	(yes) no	hasty

After completing the examples together on page 52, your student can then practice **Phase 2** on pages 53-55.

INTRODUCTION to the E Rule Phase 2

Base word	The word ends in silent e.	Suffix	The suffix starts with a vowel.	Drop the e.	Write the word. Say the word.
dance	yes no	ing	yes no	yes no	
haste	yes no	y	yes no	yes no	
prince	yes no	ess	yes no	yes no	
range	yes no	ing	yes no	yes no	
nerve	yes no	ous	yes no	yes no	
groove	yes no	ing	yes no	yes no	
smudge	yes no	ing	yes no	yes no	
curse	yes no	ing	yes no	yes no	
barge	yes no	es	yes no	yes no	
stifle	yes no	ing	yes no	yes no	

E Rule Worksheet Phase 2-a

Base word	Does the word end in silent e?	Suffix	Does the suffix start with a vowel?	Do you drop the e?	Write the word. Say the word.
glance	yes no	ing	yes no	yes no	
waste	yes no	ing	yes no	yes no	
dance	yes no	es	yes no	yes no	
strange	yes no	est	yes no	yes no	
judge	yes no	ing	yes no	yes no	
cheese	yes no	y	yes no	yes no	
please	yes no	ing	yes no	yes no	
sauce	yes no	y	yes no	yes no	
barge	yes no	es	yes no	yes no	
pause	yes no	ing	yes no	yes no	
ease	yes no	y	yes no	yes no	
buckle	yes no	ing	yes no	yes no	
mouse	yes no	ish	yes no	yes no	
dinge	yes no	y	yes no	yes no	
cycle	yes no	ist	yes no	yes no	

E Rule Worksheet Phase 2-b

Base word	Does the word end in silent e?	Suffix	Does the suffix start with a vowel?	Do you drop the e?	Write the word. Say the word.
bridge	yes no	ing	yes no	yes no	
taste	yes no	y	yes no	yes no	
sample	yes no	ing	yes no	yes no	
lease	yes no	ed	yes no	yes no	
carve	yes no	ing	yes no	yes no	
loathe	yes no	ing	yes no	yes no	
choose	yes no	y	yes no	yes no	
plunge	yes no	er	yes no	yes no	
intense	yes no	ify	yes no	yes no	
praise	yes no	ing	yes no	yes no	
grease	yes no	y	yes no	yes no	
ooze	yes no	ing	yes no	yes no	
gauze	yes no	y	yes no	yes no	
merge	yes no	ing	yes no	yes no	
leave	yes no	ing	yes no	yes no	

E Rule Worksheet 2-c Cumulative Review Phases 1-2

Base word	Does the word end in silent e?	Suffix	Does the suffix start with a vowel?	Do you drop the e?	Write the word. Say the word.
fake	yes no	ing	yes no	yes no	
binge	yes no	ed	yes no	yes no	
style	yes no	ist	yes no	yes no	
ice	yes no	y	yes no	yes no	
frame	yes no	able	yes no	yes no	
bathe	yes no	ing	yes no	yes no	
rifle	yes no	ing	yes no	yes no	
course	yes no	ing	yes no	yes no	
fame	yes no	ous	yes no	yes no	
choose	yes no	y	yes no	yes no	
sneeze	yes no	ing	yes no	yes no	
smile	yes no	ing	yes no	yes no	
grime	yes no	y	yes no	yes no	
snooze	yes no	ing	yes no	yes no	
prove	yes no	en	yes no	yes no	

Silent E words not following the traditional Vce pattern

hasty
tasting
wasted
pasting
chasten
basting

valuing
continued
pursuing
misconstrued
plaguing
arguable
barbecuing
fatigued
virtuous

bathing
soothing
breathing
clothed
loathed
scathing
seethed
teethed
tithing

waiving
groovy
bruising
curvy
raising
bronzing
drowsy
housing
greasy
choosing
horsed
pausing
sensing
elapsed
dingy
carving
breezing
serged

-cle syllable with suffixes

bubbly	doodled
rambled	rifling
fumbling	frazzled
mingled	struggling
muffles	marbled
stifling	pickling
settlement	feebleness
nuzzling	wrangled
twinkling	spackling
littlest	grumbled
sparkled	swindling
kindling	noodles
cyclist	scuttled
toddler	needling
muddling	scruples
simpleness	snorkled
bottling	heckled
coddled	bamboozling
angled	popsicles
nibbly	resembling
gentleness	bicycled

E Rule: Introducing Phase 3

Phase 3 focuses on **keeping** the e when the suffix does not start with a vowel.

Use **Introduction to the E Rule Phase 3**, page 59 with your student.

Student reads the word.
Tell your student:

- "The word ends in silent e."
  - They will circle "yes."

Student reads the suffix.
Tell your student:

- "The suffix starts with a consonant."
  - They will circle "yes."
- "Keep the e and add the suffix."
  - They will circle "yes."

Have them write the word.

Have them say the word.

Base word	The word ends in silent e.	Suffix	The suffix starts with a consonant.	Keep the e.	Write the word. Say the word.
care	(yes) no	ful	(yes) no	(yes) no	careful
time	(yes) no	less	(yes) no	(yes) no	timeless

After completing the examples together on page 59, your student can then practice **Phase 3** on pages 60-62.

© 2018 Laughing Ogre Press. All rights reserved.
This work is licensed under a Creative Commons Attribution-Non-Commercial-NoDerivatives 4.0 International License.

INTRODUCTION to the E Rule Phase 3

Base word	The word ends in silent e.	Suffix	The suffix starts with a consonant.	Keep the e.	Write the word. Say the word.
care	yes no	ful	yes no	yes no	
time	yes no	less	yes no	yes no	
live	yes no	ly	yes no	yes no	
state	yes no	ment	yes no	yes no	
shame	yes no	ful	yes no	yes no	
bone	yes no	s	yes no	yes no	
mere	yes no	ly	yes no	yes no	
like	yes no	ness	yes no	yes no	
bore	yes no	dom	yes no	yes no	
rude	yes no	ness	yes no	yes no	

E Rule Worksheet Phase 3-a

Base word	Does the word end in silent e?	Suffix	Does the suffix start with a vowel?	Do you drop the e?	Write the word. Say the word.
grate	yes no	ful	yes no	yes no	
hope	yes no	less	yes no	yes no	
grave	yes no	ly	yes no	yes no	
tire	yes no	some	yes no	yes no	
grace	yes no	ful	yes no	yes no	
code	yes no	s	yes no	yes no	
wide	yes no	ly	yes no	yes no	
cute	yes no	ness	yes no	yes no	
tube	yes no	less	yes no	yes no	
lame	yes no	ly	yes no	yes no	
awe	yes no	some	yes no	yes no	
fine	yes no	ly	yes no	yes no	
care	yes no	ful	yes no	yes no	
smoke	yes no	less	yes no	yes no	
pale	yes no	ness	yes no	yes no	

E Rule Worksheet Phase 3-b multi-syllable words

Base word	Does the word end in silent e?	Suffix	Does the suffix start with a vowel?	Do you drop the e?	Write the word. Say the word.
complete	yes no	ness	yes no	yes no	
extreme	yes no	ly	yes no	yes no	
amuse	yes no	ment	yes no	yes no	
impure	yes no	ness	yes no	yes no	
suspense	yes no	ful	yes no	yes no	
entire	yes no	ly	yes no	yes no	
reinstate	yes no	ment	yes no	yes no	
amaze	yes no	ment	yes no	yes no	
sincere	yes no	ly	yes no	yes no	
excuse	yes no	less	yes no	yes no	
explosive	yes no	ness	yes no	yes no	
insane	yes no	ly	yes no	yes no	
invasive	yes no	ness	yes no	yes no	
atone	yes no	ment	yes no	yes no	
acute	yes no	ly	yes no	yes no	

E Rule Worksheet Phase 3-c Cumulative Review Phases 1-3

Base word	Does the word end in silent e?	Suffix	Does the suffix start with a vowel?	Do you drop the e?	Write the word. Say the word.
shine	yes no	y	yes no	yes no	
jingle	yes no	ing	yes no	yes no	
peace	yes no	ful	yes no	yes no	
pledge	yes no	ing	yes no	yes no	
ripe	yes no	en	yes no	yes no	
soothe	yes no	ing	yes no	yes no	
pulse	yes no	ing	yes no	yes no	
wage	yes no	es	yes no	yes no	
fume	yes no	less	yes no	yes no	
false	yes no	ly	yes no	yes no	
scene	yes no	ic	yes no	yes no	
stare	yes no	ing	yes no	yes no	
state	yes no	hood	yes no	yes no	
price	yes no	less	yes no	yes no	
cure	yes no	ing	yes no	yes no	

E rule word list phases 1-3

toning	useless	frozen
cured	closely	muting
slimy	famous	shaken
driver	blazing	purest
shameful	soreness	stylish
lining	fuming	smiling
tiled	shaven	bravely
miner	daring	crimes
hopeless	typist	pleasing
dining	sharing	blamed
nervous	whiner	writing
likely	grieving	stately
sloped	stared	spiny
hateful	safety	ripeness
noisy	cheesy	likewise
tiresome	scoped	groovy
tubing	forceful	scarcely
snaked	princess	voicing
frameless	statehood	priceless
cuteness	sensible	bludging
likable	spineless	loser
crated	liner	thrived
statement	blaring	seizing
loosen	awesome	boredom
largest	homeward	scared
snakeproof	wiry	tracing

E rule word list phases 1-3

toning
cured
slimy
driver
shameful
lining
tiled
miner
hopeless
dining
nervous
likely
sloped
hateful
noisy
tiresome
tubing
snaked
frameless
cuteness
likable
crated
statement
loosen
largest
snakeproof

useless
closely
famous
blazing
soreness
fuming
shaven
daring
typist
sharing
whiner
grieving
stared
safety
cheesy
scoped
forceful
princess
statehood
sensible
spineless
liner
blaring
awesome
homeward
wiry

frozen
muting
shaken
purest
stylish
smiling
bravely
crimes
pleasing
blamed
writing
stately
spiny
ripeness
likewise
groovy
scarcely
voicing
priceless
bludging
loser
thrived
seizing
boredom
scared
tracing

E Rule: Introducing Phase 4

Phase 4 focuses on **keeping** the e with words ending in soft c and g. To prepare your student, be sure they know the soft sounds for c and g and that only e, i and y make c and g soft.

Use **Introduction to the E Rule Phase 4**, page 66 with your student.

Student reads the word.
Tell your student:

- "The silent e at the end of the word makes the c or g soft."
  - They will circle "yes."

Student reads the suffix.
Tell your student:

- "The suffix will make the c or g hard."
  - They will circle "yes."
- "Keep the e"
  - They will circle "yes."

Have them write the word.

Have them say the word.

Base word	The silent e at the end of the word makes the c or g soft.	Suffix	The suffix will make the c or g hard.	Keep the e.	Write the word. Say the word.
notice	(yes) no	able	(yes) no	(yes) no	noticeable
marriage	(yes) no	able	(yes) no	(yes) no	marriageable

After completing the examples together on page 66, your student can then practice **Phase 4** on pages 67-75.

INTRODUCTION to the E Rule Phase 4

Base word	The silent e at the end of the word makes the c or g soft.	Suffix	The suffix will make the c or g hard.	Keep the e.	Write the word. Say the word.
notice	yes no	able	yes no	yes no	
marriage	yes no	able	yes no	yes no	
trace	yes no	able	yes no	yes no	
courage	yes no	ous	yes no	yes no	
peace	yes no	able	yes no	yes no	
outrage	yes no	ous	yes no	yes no	
service	yes no	able	yes no	yes no	
advantage	yes no	ous	yes no	yes no	
change	yes no	able	yes no	yes no	
manage	yes no	able	yes no	yes no	

E Rule Worksheet Phase 4-a

Base word	Does the word have a silent e after a soft c or g?	Suffix	Will the suffix make the c or g hard?	Do you drop the e?	Write the word. Say the word.
notice	yes no	able	yes no	yes no	
pronounce	yes no	able	yes no	yes no	
service	yes no	able	yes no	yes no	
enforce	yes no	able	yes no	yes no	
charge	yes no	able	yes no	yes no	
courage	yes no	ous	yes no	yes no	
manage	yes no	able	yes no	yes no	
peace	yes no	able	yes no	yes no	
outrage	yes no	ous	yes no	yes no	
trace	yes no	able	yes no	yes no	
change	yes no	able	yes no	yes no	
advantage	yes no	ous	yes no	yes no	
marriage	yes no	able	yes no	yes no	

E Rule Worksheet Phase 4-b Cumulative Review Phases 1-4

Base word	Does the word end in silent e?	Suffix	Does the suffix start with a vowel?	Do you drop the e?	Write the word. Say the word.
edge	yes no	ing	yes no	yes no	
spine	yes no	less	yes no	yes no	
hope	yes no	ed	yes no	yes no	
shave	yes no	ing	yes no	yes no	
enforce	yes no	able	yes no	yes no	
lose	yes no	ing	yes no	yes no	
courage	yes no	ous	yes no	yes no	
lapse	yes no	ing	yes no	yes no	
crime	yes no	less	yes no	yes no	
brake	yes no	ing	yes no	yes no	
splurge	yes no	ing	yes no	yes no	
change	yes no	able	yes no	yes no	
advantage	yes no	ous	yes no	yes no	
bare	yes no	ly	yes no	yes no	
life	yes no	less	yes no	yes no	

Doubling Rule and E Rule Worksheet 4-c Cumulative Review Phases 1-4

Base word	Will this be a Doubling rule or an E rule?	Suffix	Does the suffix start with a vowel?	Do you double, drop or do nothing?	Write the word. Say the word.
hinge	Doubling rule E rule	ing	yes no	double drop nothing	
care	Doubling rule E rule	less	yes no	double drop nothing	
hop	Doubling rule E rule	ed	yes no	double drop nothing	
skin	Doubling rule E rule	y	yes no	double drop nothing	
like	Doubling rule E rule	able	yes no	double drop nothing	
star	Doubling rule E rule	ing	yes no	double drop nothing	
fame	Doubling rule E rule	ous	yes no	double drop nothing	
drip	Doubling rule E rule	ing	yes no	double drop nothing	
skate	Doubling rule E rule	er	yes no	double drop nothing	
grave	Doubling rule E rule	ly	yes no	double drop nothing	
scan	Doubling rule E rule	ing	yes no	double drop nothing	
wipe	Doubling rule E rule	ed	yes no	double drop nothing	
nerve	Doubling rule E rule	ous	yes no	double drop nothing	
mad	Doubling rule E rule	ness	yes no	double drop nothing	
fat	Doubling rule E rule	en	yes no	double drop nothing	

© 2018 Laughing Ogre Press. All rights reserved.

This work is licensed under a Creative Commons Attribution-Non-Commercial-NoDerivatives 4.0 International License.

Doubling Rule and E Rule Worksheet 4-d Cumulative Review Phases 1-4

Base word	Will this be a Doubling rule or an E rule?	Suffix	Does the suffix start with a vowel?	Do you double, drop or do nothing?	Write the word. Say the word.
dip	Doubling rule E rule	er	yes no	double drop nothing	
share	Doubling rule E rule	ed	yes no	double drop nothing	
red	Doubling rule E rule	ness	yes no	double drop nothing	
carve	Doubling rule E rule	ing	yes no	double drop nothing	
rim	Doubling rule E rule	less	yes no	double drop nothing	
state	Doubling rule E rule	ment	yes no	double drop nothing	
zip	Doubling rule E rule	er	yes no	double drop nothing	
tape	Doubling rule E rule	ed	yes no	double drop nothing	
merge	Doubling rule E rule	ing	yes no	double drop nothing	
grime	Doubling rule E rule	y	yes no	double drop nothing	
dine	Doubling rule E rule	er	yes no	double drop nothing	
brave	Doubling rule E rule	ly	yes no	double drop nothing	
skip	Doubling rule E rule	ed	yes no	double drop nothing	
use	Doubling rule E rule	ful	yes no	double drop nothing	
ripe	Doubling rule E rule	est	yes no	double drop nothing	

Doubling Rule and E Rule Worksheet 4-e Cumulative Review Phases 1-4

Base word	Will this be a Doubling rule or an E rule?	Suffix	Does the suffix start with a vowel?	Do you double, drop or do nothing?	Write the word. Say the word.
star	Doubling rule E rule	ing	yes no	double drop nothing	
stare	Doubling rule E rule	ing	yes no	double drop nothing	
stare	Doubling rule E rule	ed	yes no	double drop nothing	
star	Doubling rule E rule	ed	yes no	double drop nothing	
car	Doubling rule E rule	ful	yes no	double drop nothing	
care	Doubling rule E rule	ful	yes no	double drop nothing	
spare	Doubling rule E rule	ing	yes no	double drop nothing	
spar	Doubling rule E rule	ing	yes no	double drop nothing	
scar	Doubling rule E rule	ed	yes no	double drop nothing	
scare	Doubling rule E rule	ed	yes no	double drop nothing	
scare	Doubling rule E rule	ing	yes no	double drop nothing	
ware	Doubling rule E rule	s	yes no	double drop nothing	
war	Doubling rule E rule	s	yes no	double drop nothing	
bare	Doubling rule E rule	ed	yes no	double drop nothing	
bar	Doubling rule E rule	ed	yes no	double drop nothing	

doubling and e rule mixed

grimness	slops	tapes
grimy	slopes	tapper
grimly	sloping	tapless
grimeless	slopped	taped
snacks	slopping	taping
snakes	sloppy	tapping
snaky	sloped	cuter
snakeproof	rags	cuts
snaked	rageful	cutting
snacked	rages	cuteness
snacking	raging	cutter
snaking	ragged	cutely
supper	raged	dine
supping	raggy	dinner
super	spineless	diner
fading	spinner	dines
faded	spiny	dining
fads	spinning	dinners
fadeless	spins	dotted
faddy	spines	doting
faddish	hopped	dotes
fadeproof	hoped	doted
shiner	hopeful	dotting
shinny	hopping	slimy
shinned	hopper	slims
shines	hoper	slimmer
shiny	hopeless	slimming

doubling and e rule with r controlled and Vre words

fired	spares
fires	sparing
fiery	spars
firs	sparring
star	spared
stared	purely
starred	purring
starring	purest
staring	purred
starlet	pureness
starry	scars
carful	scares
careful	scarred
cared	scarring
caring	scared
careless	scarless
carless	sir
her	sire
here	sired
hers	siring
here's	sirs
barred	wars
barring	wares
bare	warring
barest	warless
barely	warred

e rule with Vre words

care	shore	hire
careless	shoring	hiring
careful	shored	hired
caring	shores	hires
cared	rare	cure
mere	rarest	cures
merest	rarely	curing
merely	tire	cured
fire	tires	square
firing	tired	squared
fired	tireless	squares
fires	tiring	squaring
fireproof	pure	squarest
bore	purely	score
bored	purest	scoreless
boring	blare	scored
boredom	blared	scoring
dare	blaring	scorer
dared	blares	spare
dares	sore	spared
daring	sores	sparing
lure	sorely	spares
lured	sorest	wire
luring	sphere	wired
lures	spheres	wiring

Words That Do Not Follow the E Rule

Words that drop the e with a suffix beginning with a consonant

true	truth	truly
due	duly	
nine	ninth	
awe	awful	
argue	argument	
whole	wholly	
judge	judgment	
acknowledge	acknowledgment	
abridge	abridgment	
fledge	fledgling	

Words that keep the e

blue	bluing (a pigment or dye) or blueing	
glue	gluing or glueing	gluey
clue	cluing or clueing	
hoe	hoeing	
toe	toeing	
shoe	shoeing	shoed
canoe	canoeing	
singe	singeing	
binge	bingeing	
line	lineage	
acre	acres	acreage
mile	miles	mileage

Words that change their spelling

lie	lying
die	dying
tie	tying or tieing
vie	vying

Y Rule: Introducing Phase 1

Phase 1 focuses on **changing** the y to i when the suffix starts with anything but i. They are not dropping the y and adding i, they are changing the y to i. To prepare your student, be sure they know what **change** means.

Use **Introduction to the Y Rule Phase 1**, page 77 with your student.

Student reads the word.
Tell your student:

- "The word ends in y."
  - They will circle "yes."

Student reads the suffix.
Tell your student:

- "The suffix starts with a letter other than i."
  - They will circle "yes."

Have them write the word.

Have them say the word.

Base word	The word ends in y.	Suffix	The suffix starts with a letter other than i.	Change the y to i.	Write the word. Say the word.
try	(yes) no	ed	(yes) no	(yes) no	tried
study	(yes) no	ed	(yes) no	(yes) no	studied

After completing the examples together on page 77, your student can then practice **Phase 1** on pages 78-80.

INTRODUCTION to the Y Rule Phase 1

Base word	The word ends in y.	Suffix	The suffix starts with a letter other than i.	Change the y to i.	Write the word. Say the word.
try	yes no	ed	yes no	yes no	
study	yes no	ed	yes no	yes no	
beauty	yes no	ful	yes no	yes no	
lazy	yes no	est	yes no	yes no	
glory	yes no	ous	yes no	yes no	
crazy	yes no	ness	yes no	yes no	
empty	yes no	ed	yes no	yes no	
mercy	yes no	less	yes no	yes no	
memory	yes no	al	yes no	yes no	

Y Rule Worksheet 1-a

Base word	Does the word end in y?	Suffix	Does the suffix start with i?	Do you change the y to i?	Write the word. Say the word.
spy	yes no	ed	yes no	yes no	
apply	yes no	ed	yes no	yes no	
steady	yes no	ly	yes no	yes no	
hazy	yes no	est	yes no	yes no	
creamy	yes no	er	yes no	yes no	
lazy	yes no	ness	yes no	yes no	
shiny	yes no	est	yes no	yes no	
happy	yes no	ness	yes no	yes no	
library	yes no	an	yes no	yes no	
silly	yes no	er	yes no	yes no	
bumpy	yes no	est	yes no	yes no	
gloomy	yes no	er	yes no	yes no	
copy	yes no	ed	yes no	yes no	
fussy	yes no	ness	yes no	yes no	
messy	yes no	est	yes no	yes no	

Y Rule Worksheet 1-b

Base word	Does the word end in y?	Suffix	Does the suffix start with i?	Do you change the y to i?	Write the word. Say the word.
envy	yes no	ed	yes no	yes no	
imply	yes no	ed	yes no	yes no	
sleepy	yes no	est	yes no	yes no	
slimy	yes no	er	yes no	yes no	
smoky	yes no	er	yes no	yes no	
glassy	yes no	ness	yes no	yes no	
colony	yes no	al	yes no	yes no	
lovely	yes no	ness	yes no	yes no	
history	yes no	an	yes no	yes no	
early	yes no	er	yes no	yes no	
mighty	yes no	est	yes no	yes no	
chewy	yes no	er	yes no	yes no	
carry	yes no	ed	yes no	yes no	
tacky	yes no	ness	yes no	yes no	
risky	yes no	est	yes no	yes no	

Y Rule Worksheet 1-c

Base word	Does the word end in y?	Suffix	Does the suffix start with i?	Do you change the y to i?	Write the word. Say the word.
busy	yes no	ed	yes no	yes no	
timely	yes no	ness	yes no	yes no	
creepy	yes no	est	yes no	yes no	
sneaky	yes no	er	yes no	yes no	
snappy	yes no	est	yes no	yes no	
crusty	yes no	ness	yes no	yes no	
goofy	yes no	er	yes no	yes no	
greedy	yes no	ness	yes no	yes no	
trashy	yes no	est	yes no	yes no	
swanky	yes no	er	yes no	yes no	
tidy	yes no	est	yes no	yes no	
shaky	yes no	er	yes no	yes no	
marry	yes no	ed	yes no	yes no	
sticky	yes no	ness	yes no	yes no	
dusty	yes no	est	yes no	yes no	

Y Rule: Introducing Phase 2

Phase 2 focuses on **not changing** the y to i when the suffix begins with an i. To prepare your student, be sure they know what change means.

Use **Introduction to the Y Rule Phase 2**, page 82 with your student.

> Student reads the word.
> Tell your student:
> - "The word ends in y."
>   - They will circle "yes."
>
> Student reads the suffix.
> Tell your student:
> - "The suffix starts with i."
>   - They will circle "yes."
> - "Add the suffix."
>   - They will circle "yes."
> Have them write the word.
> Have them say the word.

Base word	The word ends in y.	Suffix	The suffix starts with i.	Add the suffix.	Write the word. Say the word.
try	(yes) no	ing	(yes) no	(yes) no	trying
copy	(yes) no	ist	(yes) no	(yes) no	copyist

After completing the examples together on page 82, your student can then practice **Phase 2** on pages 83-86.

INTRODUCTION to the Y Rule Phase 2

Base word	The word ends in y.	Suffix	The suffix starts with i.	Add the suffix.	Write the word. Say the word.
try	yes no	ing	yes no	yes no	
copy	yes no	ist	yes no	yes no	
fly	yes no	ing	yes no	yes no	
baby	yes no	ish	yes no	yes no	
glorify	yes no	ing	yes no	yes no	
worry	yes no	ing	yes no	yes no	
party	yes no	ing	yes no	yes no	
reply	yes no	ing	yes no	yes no	
spy	yes no	ing	yes no	yes no	

Y Rule Worksheet 2-a

Base word	Does the word end in y?	Suffix	Does the suffix start with i?	Do you change the y to i?	Write the word. Say the word.
cry	yes no	ing	yes no	yes no	
scurry	yes no	ing	yes no	yes no	
fifty	yes no	ish	yes no	yes no	
deny	yes no	ing	yes no	yes no	
lobby	yes no	ist	yes no	yes no	
rely	yes no	ing	yes no	yes no	
baby	yes no	ing	yes no	yes no	
study	yes no	ing	yes no	yes no	
dry	yes no	ing	yes no	yes no	
busy	yes no	ing	yes no	yes no	
tidy	yes no	ing	yes no	yes no	
ninety	yes no	ish	yes no	yes no	
carry	yes no	ing	yes no	yes no	
shinny	yes no	ing	yes no	yes no	
imply	yes no	ing	yes no	yes no	

Y Rule Worksheet 2-b

Base word	Does the word end in y?	Suffix	Does the suffix start with i?	Do you change the y to i?	Write the word. Say the word.
pry	yes no	ing	yes no	yes no	
modify	yes no	ing	yes no	yes no	
defy	yes no	ing	yes no	yes no	
comply	yes no	ing	yes no	yes no	
hobby	yes no	ist	yes no	yes no	
identify	yes no	ing	yes no	yes no	
seventy	yes no	ish	yes no	yes no	
satisfy	yes no	ing	yes no	yes no	
dry	yes no	ing	yes no	yes no	
marry	yes no	ing	yes no	yes no	
tidy	yes no	ing	yes no	yes no	
sixty	yes no	ish	yes no	yes no	
comply	yes no	ing	yes no	yes no	
skinny	yes no	ish	yes no	yes no	
simplify	yes no	ing	yes no	yes no	

Y Rule Worksheet 2-c Cumulative Review Phases 1-2

Base word	Does the word end in y?	Suffix	Does the suffix start with i?	Do you change the y to i?	Write the word. Say the word.
moody	yes no	est	yes no	yes no	
justify	yes no	ing	yes no	yes no	
muddy	yes no	ed	yes no	yes no	
buy	yes no	ing	yes no	yes no	
cry	yes no	ed	yes no	yes no	
spicy	yes no	ness	yes no	yes no	
crazy	yes no	er	yes no	yes no	
creamy	yes no	est	yes no	yes no	
deny	yes no	ing	yes no	yes no	
copy	yes no	ist	yes no	yes no	
plenty	yes no	ful	yes no	yes no	
thirty	yes no	ish	yes no	yes no	
unify	yes no	ing	yes no	yes no	
puffy	yes no	est	yes no	yes no	
beauty	yes no	ful	yes no	yes no	

Y Rule Worksheet 2-d Cumulative Review Phases 1-2

Base word	Does the word end in y?	Suffix	Does the suffix start with i?	Do you change the y to i?	Write the word. Say the word.
fury	yes no	ous	yes no	yes no	
frenzy	yes no	ed	yes no	yes no	
timely	yes no	ness	yes no	yes no	
pry	yes no	ing	yes no	yes no	
cheesy	yes no	est	yes no	yes no	
slushy	yes no	er	yes no	yes no	
crafty	yes no	ness	yes no	yes no	
bury	yes no	ing	yes no	yes no	
choppy	yes no	ly	yes no	yes no	
pity	yes no	ful	yes no	yes no	
homely	yes no	est	yes no	yes no	
worldly	yes no	ness	yes no	yes no	
clumsy	yes no	er	yes no	yes no	
busy	yes no	ing	yes no	yes no	
victory	yes no	ous	yes no	yes no	

Y Rule: Introducing Phase 3

Phase 3 focuses on **not changing** the y to i when it's part of a vowel pair no matter what the suffix starts with. To prepare your student, be sure they know what change means. Also review the vowel pairs ey, ay and oy.

Use **Introduction to the Y Rule Phase 3**, page 88 with your student.

Student reads the word.
Tell your student:

- "The word ends in y."
    - They will circle "yes."

Student reads the suffix.
Tell your student:

- "The y is part of a vowel pair."
    - They will circle "yes."
- "Add the suffix."
    - They will circle "yes."

Have them write the word.

Have them say the word.

Base word	The word ends in y.	The y is part of a vowel pair.	Suffix	Add the suffix.	Write the word. Say the word.
employ	(yes) no	(yes) no	ing	(yes) no	employing
stay	(yes) no	(yes) no	ed	(yes) no	stayed

After completing the examples together on page 88, your student can then practice **Phase 3** on pages 89-92.

INTRODUCTION to the Y Rule Phase 3

Base word	The word ends in y.	The y is part of a vowel pair.	Suffix	Add the suffix.	Write the word. Say the word.
employ	yes no	yes no	ing	yes no	
stay	yes no	yes no	ed	yes no	
boy	yes no	yes no	ish	yes no	
key	yes no	yes no	less	yes no	
delay	yes no	yes no	ing	yes no	
play	yes no	yes no	ful	yes no	
enjoy	yes no	yes no	ed	yes no	
display	yes no	yes no	ing	yes no	
monkey	yes no	yes no	ing	yes no	

Y Rule Worksheet Phase 3-a

Base word	Does the word end in y?	Is the y part of a vowel pair?	Suffix	Do you change the y to i?	Write the word. Say the word.
joy	yes no	yes no	ful	yes no	
spray	yes no	yes no	ing	yes no	
volley	yes no	yes no	ed	yes no	
tray	yes no	yes no	ing	yes no	
deploy	yes no	yes no	ed	yes no	
toy	yes no	yes no	less	yes no	
sway	yes no	yes no	ing	yes no	
alloy	yes no	yes no	ed	yes no	
pray	yes no	yes no	er	yes no	
boy	yes no	yes no	hood	yes no	
gray	yes no	yes no	est	yes no	
buy	yes no	yes no	ing	yes no	
annoy	yes no	yes no	ed	yes no	
obey	yes no	yes no	ing	yes no	
betray	yes no	yes no	ing	yes no	

Y Rule Worksheet Phase 3-b

Base word	Does the word end in y?	Is the y part of a vowel pair?	Suffix	Do you change the y to i?	Write the word. Say the word.
coy	yes no	yes no	ly	yes no	
display	yes no	yes no	ing	yes no	
jockey	yes no	yes no	ed	yes no	
okay	yes no	yes no	ing	yes no	
convoy	yes no	yes no	ed	yes no	
survey	yes no	yes no	or	yes no	
co-pay	yes no	yes no	ment	yes no	
key	yes no	yes no	ing	yes no	
trolley	yes no	yes no	ed	yes no	
portray	yes no	yes no	ing	yes no	
relay	yes no	yes no	ed	yes no	
buy	yes no	yes no	er	yes no	
destroy	yes no	yes no	ed	yes no	
prey	yes no	yes no	ing	yes no	
way	yes no	yes no	ward	yes no	

Y Rule Worksheet 3-c Cumulative Review Phases 1-3

Base word	Does the word end in y?	Is the y part of a vowel pair?	Suffix	Do you change the y to i?	Write the word. Say the word.
decoy	yes no	yes no	s	yes no	
steamy	yes no	yes no	est	yes no	
key	yes no	yes no	ed	yes no	
dirty	yes no	yes no	ness	yes no	
picky	yes no	yes no	er	yes no	
employ	yes no	yes no	ment	yes no	
pointy	yes no	yes no	er	yes no	
edgy	yes no	yes no	ness	yes no	
germy	yes no	yes no	est	yes no	
toy	yes no	yes no	ing	yes no	
windy	yes no	yes no	ness	yes no	
convey	yes no	yes no	ed	yes no	
annoy	yes no	yes no	ing	yes no	
gray	yes no	yes no	ness	yes no	
slay	yes no	yes no	ing	yes no	

© 2018 Laughing Ogre Press. All rights reserved.

This work is licensed under a Creative Commons Attribution-Non-Commercial-NoDerivatives 4.0 International License.

Y Rule Worksheet 3-d Cumulative Review Phases 1-3

Base word	Does the word end in y?	Is the y part of a vowel pair?	Suffix	Do you change the y to i?	Write the word. Say the word.
tomboy	yes no	yes no	ish	yes no	
mouthy	yes no	yes no	ness	yes no	
glory	yes no	yes no	fy	yes no	
spicy	yes no	yes no	ness	yes no	
icky	yes no	yes no	est	yes no	
repay	yes no	yes no	ment	yes no	
creaky	yes no	yes no	ness	yes no	
pudgy	yes no	yes no	er	yes no	
twitchy	yes no	yes no	est	yes no	
cloy	yes no	yes no	ing	yes no	
noisy	yes no	yes no	ness	yes no	
candy	yes no	yes no	ed	yes no	
corduroy	yes no	yes no	ing	yes no	
snowy	yes no	yes no	ness	yes no	
inlay	yes no	yes no	ing	yes no	

Y Rule: Introducing Phase 4

Phase 4 focuses on **changing** the y to i and **adding** es when making a word plural or the present tense of an action. Explain to your student that to avoid a final closed syllable with a short vowel sound we add es instead of s. To prepare your student, be sure they know what **change** means. Also review the meanings of **plural, present tense** and **action** words.

Use **Introduction to the Y Rule Phase 4**, page 94 with your student.

Student reads the word.
Tell your student:

- "The word ends in y."
  - They will circle "yes."

Student reads the suffix.
Tell your student:

- "The suffix is s."
- "Change the y to i and add es."
  - They will circle "yes."

Have them write the word.

Have them say the word.

Base word	The word ends in y.	Suffix	Change the y to i and add es.	Write the word. Say the word.
deny	(yes) no	s	(yes) no	denies
carry	(yes) no	s	(yes) no	carries

After completing the examples together on page 94 your student can then practice **Phase 4** on pages 95-104.

INTRODUCTION to the Y Rule Phase 4

Base word	The word ends in y.	Suffix	Change the y to i and add es.	Write the word. Say the word.
deny	yes no	s	yes no	
carry	yes no	s	yes no	
spy	yes no	s	yes no	
satisfy	yes no	s	yes no	
army	yes no	s	yes no	
multiply	yes no	s	yes no	
ratify	yes no	s	yes no	
commodity	yes no	s	yes no	
baby	yes no	s	yes no	

Y Rule Worksheet Phase 4-a

Base word	Does the word end in y?	Suffix	Do you change the y to i and add es?	Write the word. Say the word.
fly	yes no	s	yes no	
puppy	yes no	s	yes no	
jury	yes no	s	yes no	
sixty	yes no	s	yes no	
study	yes no	s	yes no	
ministry	yes no	s	yes no	
formality	yes no	s	yes no	
gratuity	yes no	s	yes no	
ability	yes no	s	yes no	
canopy	yes no	s	yes no	
family	yes no	s	yes no	
body	yes no	s	yes no	
tardy	yes no	s	yes no	
industry	yes no	s	yes no	
tendency	yes no	s	yes no	

Y Rule Worksheet Phase 4-b

Base word	Does the word end in y?	Suffix	Do you change the y to i and add es?	Write the word. Say the word.
legality	yes no	s	yes no	
agony	yes no	s	yes no	
boogy	yes no	s	yes no	
oldy	yes no	s	yes no	
tally	yes no	s	yes no	
trophy	yes no	s	yes no	
victory	yes no	s	yes no	
testify	yes no	s	yes no	
comedy	yes no	s	yes no	
curtsy	yes no	s	yes no	
lady	yes no	s	yes no	
thirty	yes no	s	yes no	
history	yes no	s	yes no	
modify	yes no	s	yes no	
melody	yes no	s	yes no	

Y Rule Worksheet 4-c Cumulative Review Phases 1-4

Base word	Does the word end in y?	Is the y part of a vowel pair?	Suffix	Does the suffix start with i?	Do you change the y to i?	Write the word. Say the word.
cavity	yes no	yes no	s	yes no	yes no	
dingy	yes no	yes no	ness	yes no	yes no	
lucky	yes no	yes no	er	yes no	yes no	
uneasy	yes no	yes no	ness	yes no	yes no	
trashy	yes no	yes no	est	yes no	yes no	
boy	yes no	yes no	ish	yes no	yes no	
gentrify	yes no	yes no	ed	yes no	yes no	
burglary	yes no	yes no	s	yes no	yes no	
dainty	yes no	yes no	ly	yes no	yes no	
identify	yes no	yes no	ing	yes no	yes no	
bossy	yes no	yes no	ness	yes no	yes no	
archway	yes no	yes no	s	yes no	yes no	
cozy	yes no	yes no	ing	yes no	yes no	
penny	yes no	yes no	less	yes no	yes no	
variety	yes no	yes no	s	yes no	yes no	

Y Rule

cubbies
rectified
flimsiness
employing
unburied
fancied
prettyish
dizziness
galaxies
hobbyist
blueberries
bountiful
likelihood
burial
cloudiness
dutiful
scratchiest
cheerily
unlikeliness
healthiest
pliable
curious
emptying
boyhood
starchier

shiftiness
trickiest
simplifier
dirties
studying
lilies
colonies
refried
classified
butteriest
married
babyish
pitiful
penniless
sparklier
deniable
sneakiness
grooviest
merriment
lobbyist
thirstily
trial
worrying
deployed
studious

relies
families
queasiness
wheelies
wrinkliest
denial
variable
signified
disobeying
luxurious
occupied
plentiful
uneasily
livelihood
friendliest
greediest
embodiment
happiness
lengthier
spiffed
merciless
copyist
sixtyish
beautiful
volleying

Y Rule exception
words ending in y /i/ with the suffixes -ly and -ness

sly	slyly	slyness
shy	shyly	shyness
dry	dryly	dryness
spry	spryly	spryness
wry	wryly	wryness

Y Rule exception
words ending in ay changing to ai

pay	paid
slay	slain
say	said
lay	laid
day	daily
gay	gaily

Doubling Rule, E Rule and Y Rule Worksheet 4-d Cumulative Review

Base word	Will this be a Doubling rule, E rule or Y rule?	Suffix	Does the suffix start with a vowel?	Do you double, drop, change or do nothing?	Write the word. Say the word.
envy	Doubling rule E rule Y rule	ous	yes no	double drop change nothing	
loose	Doubling rule E rule Y rule	ly	yes no	double drop change nothing	
bathe	Doubling rule E rule Y rule	ing	yes no	double drop change nothing	
clip	Doubling rule E rule Y rule	ed	yes no	double drop change nothing	
ease	Doubling rule E rule Y rule	ment	yes no	double drop change nothing	
detoxify	Doubling rule E rule Y rule	ing	yes no	double drop change nothing	
care	Doubling rule E rule Y rule	less	yes no	double drop change nothing	
bubble	Doubling rule E rule Y rule	ing	yes no	double drop change nothing	
zip	Doubling rule E rule Y rule	er	yes no	double drop change nothing	
use	Doubling rule E rule Y rule	able	yes no	double drop change nothing	
hobby	Doubling rule E rule Y rule	ist	yes no	double drop change nothing	
age	Doubling rule E rule Y rule	less	yes no	double drop change nothing	
false	Doubling rule E rule Y rule	ify	yes no	double drop change nothing	
county	Doubling rule E rule Y rule	s	yes no	double drop change nothing	
stir	Doubling rule E rule Y rule	ed	yes no	double drop change nothing	

Doubling Rule, E Rule and Y Rule Worksheet 4-e Cumulative Review

Base word	Will this be a Doubling rule, E rule or Y rule?	Suffix	Does the suffix start with a vowel?	Do you double, drop, change or do nothing?	Write the word. Say the word.
drip	Doubling rule E rule Y rule	y	yes no	double drop change nothing	
drippy	Doubling rule E rule Y rule	est	yes no	double drop change nothing	
like	Doubling rule E rule Y rule	ly	yes no	double drop change nothing	
likely	Doubling rule E rule Y rule	hood	yes no	double drop change nothing	
craze	Doubling rule E rule Y rule	y	yes no	double drop change nothing	
crazy	Doubling rule E rule Y rule	ness	yes no	double drop change nothing	
star	Doubling rule E rule Y rule	y	yes no	double drop change nothing	
starry	Doubling rule E rule Y rule	est	yes no	double drop change nothing	
babe	Doubling rule E rule Y rule	y	yes no	double drop change nothing	
baby	Doubling rule E rule Y rule	ish	yes no	double drop change nothing	
skin	Doubling rule E rule Y rule	y	yes no	double drop change nothing	
skinny	Doubling rule E rule Y rule	er	yes no	double drop change nothing	
chat	Doubling rule E rule Y rule	y	yes no	double drop change nothing	
chatty	Doubling rule E rule Y rule	est	yes no	double drop change nothing	

Doubling Rule, E Rule and Y Rule Worksheet 4-f Cumulative Review

Base word	Will this be a Doubling rule, E rule or Y rule?	Suffix	Does the suffix start with a vowel?	Do you double, drop, change or do nothing?	Write the word. Say the word.
stab	Doubling rule E rule Y rule	ing	yes no	double drop change nothing	
grunge	Doubling rule E rule Y rule	y	yes no	double drop change nothing	
scribble	Doubling rule E rule Y rule	ing	yes no	double drop change nothing	
whole	Doubling rule E rule Y rule	some	yes no	double drop change nothing	
manage	Doubling rule E rule Y rule	able	yes no	double drop change nothing	
receive	Doubling rule E rule Y rule	er	yes no	double drop change nothing	
blurry	Doubling rule E rule Y rule	ness	yes no	double drop change nothing	
advantage	Doubling rule E rule Y rule	ous	yes no	double drop change nothing	
sanitary	Doubling rule E rule Y rule	um	yes no	double drop change nothing	
ninety	Doubling rule E rule Y rule	eth	yes no	double drop change nothing	
scam	Doubling rule E rule Y rule	ed	yes no	double drop change nothing	
taste	Doubling rule E rule Y rule	less	yes no	double drop change nothing	
skip	Doubling rule E rule Y rule	y	yes no	double drop change nothing	
weary	Doubling rule E rule Y rule	some	yes no	double drop change nothing	
try	Doubling rule E rule Y rule	al	yes no	double drop change nothing	

Doubling Rule, E Rule and Y Rule

snap
snapped
snapper
snappy
snappier
skin
skinny
skinned
skinnier
skinniest
pep
peppy
peppier
peppiest
dry
drying
dries
dried
clothes dryer
drier
cub
cube
cubby
cubes
cubed

shack
shake
shaking
shaky
shakier
shakiest
dress
dressy
dressed
dressiest
live
lively
liveliness
livelihood
liveliest
tack
tacking
take
taken
tacky
tackier
tackiest
spy
spying
spies

stub
stubby
stubbed
stubbier
stubbiest
four
forty
fortieth
fourth
fourteen
babe
baby
babyish
babying
babied
babies
craze
crazy
craziest
crazier
craziness
chop
choppy
chopped
choppier

Doubling Rule, E Rule and Y Rule

shade	curve	laze
shaded	curvy	lazed
shady	curvier	lazy
shadier	curves	lazier
shadiest	sass	laziness
pest	sassy	laziest
pesty	sassiness	pen
pester	sassier	penned
pestering	sassed	penning
pestiest	filth	penny
pestiness	filthy	pennies
time	filthiest	penniless
timer	lone	dine
timed	lonely	dining
timing	lonelier	dinner
timely	loneliness	diner
timeliness	loneliest	dinners
imply	grub	diners
implying	grubby	dined
implies	grubbier	fry
implied	grubbiest	frying
dog	notice	fries
dogs	noticing	deepfryer
doggy	noticeable	frier
doggies	noticed	fried

Two Syllable Doubling Rule: Introducing Phase 1

Phase 1 focuses on **doubling** the last consonant of a two syllable word that has a prefix when adding a suffix that begins with a vowel. To prepare your student, be sure they know what doubling means. They also need to divide words and have an understanding of syllable types, suffixes, prefixes, roots and base words.

Use **Introduction to the Two Syllable Doubling Rule Phase 1**, page 106 with your student.

Student reads the word.
Tell your student to divide the word:
- "The word has two syllables."
    - They will circle "yes."
- "The first syllable is a prefix."
    - They will circle "yes."
- "The second syllable has one vowel."
    - They will circle "yes."
- "The second syllable ends with one consonant."
    - They will circle "yes."

Student reads the suffix.
Tell your student:
- "The suffix starts with a vowel."
    - They will circle "yes."
- "Double the consonant."
    - They will circle "yes."

Have them write the word.
Have them say the word.

Base word	Divide the word. The word has two syllables.	The first syllable is a prefix	The second syllable has one vowel.	The second syllable ends in one consonant.	Suffix	The suffix starts with a vowel.	Double the consonant.	Write the word. Say the word.
sublet	yes no	yes no	yes no	yes no	ing	yes no	yes no	subletting
repel	yes no	yes no	yes no	yes no	ing	yes no	yes no	repelling

After completing the examples together on page 106, your student can then practice **Phase 1** on pages 107-108.

INTRODUCTION to the Two Syllable Doubling Rule Phase 1

Base word	Divide the word. The word has two syllables.	The first syllable is a prefix	The second syllable has one vowel.	The second syllable ends in one consonant.	Suffix	The suffix starts with a vowel.	Double the consonant.	Write the word. Say the word.
sublet	yes no	yes no	yes no	yes no	ing	yes no	yes no	
repel	yes no	yes no	yes no	yes no	ing	yes no	yes no	
excel	yes no	yes no	yes no	yes no	ent	yes no	yes no	
control	yes no	yes no	yes no	yes no	er	yes no	yes no	
regret	yes no	yes no	yes no	yes no	able	yes no	yes no	
forbid	yes no	yes no	yes no	yes no	en	yes no	yes no	
equip	yes no	yes no	yes no	yes no	ed	yes no	yes no	
forgot	yes no	yes no	yes no	yes no	en	yes no	yes no	
transmit	yes no	yes no	yes no	yes no	ed	yes no	yes no	
begin	yes no	yes no	yes no	yes no	ing	yes no	yes no	

Two Syllable Doubling Rule Worksheet 1-a

Base word	Divide the word. Does the word have two syllables?	Is the first syllable a prefix?	Does the second syllable have one vowel?	Does the second syllable end in one consonant?	Suffix	Does the suffix starts with a vowel?	Do you double the consonant?	Write the word. Say the word.
compel	yes no	yes no	yes no	yes no	ed	yes no	yes no	
forgot	yes no	yes no	yes no	yes no	en	yes no	yes no	
beget	yes no	yes no	yes no	yes no	ing	yes no	yes no	
excel	yes no	yes no	yes no	yes no	ed	yes no	yes no	
regret	yes no	yes no	yes no	yes no	ing	yes no	yes no	
forbid	yes no	yes no	yes no	yes no	ance	yes no	yes no	
equip	yes no	yes no	yes no	yes no	ing	yes no	yes no	
forget	yes no	yes no	yes no	yes no	ing	yes no	yes no	
transmit	yes no	yes no	yes no	yes no	er	yes no	yes no	
begin	yes no	yes no	yes no	yes no	er	yes no	yes no	
recur	yes no	yes no	yes no	yes no	ing	yes no	yes no	
control	yes no	yes no	yes no	yes no	ed	yes no	yes no	
expel	yes no	yes no	yes no	yes no	ing	yes no	yes no	
acquit	yes no	yes no	yes no	yes no	ed	yes no	yes no	
commit	yes no	yes no	yes no		al	yes no	yes no	

Two Syllable Doubling Rule Worksheet 1-b

Base word	Divide the word. Does the word have two syllables?	Is the first syllable a prefix?	Does the second syllable have one vowel?	Does the second syllable end in one consonant?	Suffix	Does the suffix starts with a vowel?	Do you double the consonant?	Write the word. Say the word.
repel	yes no	yes no	yes no	yes no	ed	yes no	yes no	
forget	yes no	yes no	yes no	yes no	able	yes no	yes no	
recur	yes no	yes no	yes no	yes no	ent	yes no	yes no	
excel	yes no	yes no	yes no	yes no	ence	yes no	yes no	
regret	yes no	yes no	yes no	yes no	ed	yes no	yes no	
outbid	yes no	yes no	yes no	yes no	ing	yes no	yes no	
equip	yes no	yes no	yes no	yes no	er	yes no	yes no	
impel	yes no	yes no	yes no	yes no	ing	yes no	yes no	
admit	yes no	yes no	yes no	yes no	ance	yes no	yes no	
concur	yes no	yes no	yes no	yes no	ed	yes no	yes no	
abhor	yes no	yes no	yes no	yes no	ing	yes no	yes no	
control	yes no	yes no	yes no	yes no	able	yes no	yes no	
acquit	yes no	yes no	yes no	yes no	al	yes no	yes no	
outrig	yes no	yes no	yes no	yes no	ing	yes no	yes no	
omit	yes no	yes no	yes no	yes no	ed	yes no	yes no	

Two Syllable Doubling Rule: Introducing Phase 2

Phase 2 focuses on **not doubling** the last consonant of a two syllable word that doesn't have a prefix when adding a suffix that begins with a vowel. To prepare your student, be sure they know what **doubling** means. They also need to divide words and have an understanding of syllable types, suffixes, prefixes, roots and base words.

Use **Introduction to the Two Syllable Doubling Rule Phase 2**, page 110 with your student.

Student reads the word.
Tell your student to divide the word:
- "The word has two syllables."
   - They will circle "yes."
- "This is a two syllable word."
   - They will circle "yes."

Student reads the suffix.
Tell your student:
- "Add the suffix."
   - They will circle "yes."

Have them write the word.
Have them say the word.

Base word	Divide the word. The word has two syllables.	This is a two syllable word	Suffix	Add the suffix.	Write the word. Say the word.
open	(yes) no	(yes) no	er	(yes) no	opener
marvel	(yes) no	(yes) no	ous	(yes) no	marvelous

After completing the examples together on page 110, your student can then practice **Phase 2** on pages 111-117.

INTRODUCTION to the Two Syllable Doubling Rule Phase 2

Base word	Divide the word. The word has two syllables.	This is a two syllable word.	Suffix	Add the suffix.	Write the word. Say the word.
open	yes no	yes no	er	yes no	
marvel	yes no	yes no	ous	yes no	
trumpet	yes no	yes no	er	yes no	
limit	yes no	yes no	ing	yes no	
happen	yes no	yes no	ed	yes no	
button	yes no	yes no	ing	yes no	
fatal	yes no	yes no	ity	yes no	
stencil	yes no	yes no	ed	yes no	
acid	yes no	yes no	ic	yes no	
custom	yes no	yes no	ary	yes no	

Two Syllable Doubling Rule Phase 2-a

Base word	Divide the word. Does the word have two syllables?	Is the first syllable a prefix?	Suffix	Do you double the consonant?	Write the word. Say the word.
cynic	yes no	yes no	al	yes no	
prison	yes no	yes no	er	yes no	
tunnel	yes no	yes no	ing	yes no	
visit	yes no	yes no	or	yes no	
music	yes no	yes no	al	yes no	
gallop	yes no	yes no	ing	yes no	
local	yes no	yes no	ity	yes no	
human	yes no	yes no	ist	yes no	
label	yes no	yes no	ed	yes no	
custom	yes no	yes no	ize	yes no	
gossip	yes no	yes no	y	yes no	
fasten	yes no	yes no	ing	yes no	
orbit	yes no	yes no	ed	yes no	
budget	yes no	yes no	ing	yes no	
cotton	yes no	yes no	y	yes no	

Two Syllable Doubling Rule Phase 2-b

Base word	Divide the word. Does the word have two syllables?	Is the first syllable a prefix?	Suffix	Do you double the consonant?	Write the word. Say the word.
velvet	yes no	yes no	y	yes no	
novel	yes no	yes no	ist	yes no	
victim	yes no	yes no	ize	yes no	
scandal	yes no	yes no	ous	yes no	
poet	yes no	yes no	ic	yes no	
fatten	yes no	yes no	ing	yes no	
soften	yes no	yes no	ing	yes no	
fluid	yes no	yes no	ity	yes no	
panel	yes no	yes no	ist	yes no	
signal	yes no	yes no	ed	yes no	
trumpet	yes no	yes no	er	yes no	
virus	yes no	yes no	es	yes no	
syrup	yes no	yes no	y	yes no	
fidget	yes no	yes no	ing	yes no	
summon	yes no	yes no	ed	yes no	

Two Syllable Doubling Rule Phase 2-c Cumulative Review Phases 1-2

Base word	Divide the word. Does the word have two syllables?	Is the first syllable a prefix?	Suffix	Do you double the consonant?	Write the word. Say the word.
credit	yes no	yes no	ing	yes no	
grovel	yes no	yes no	ed	yes no	
remit	yes no	yes no	ing	yes no	
venom	yes no	yes no	ous	yes no	
entrap	yes no	yes no	ed	yes no	
fatal	yes no	yes no	ist	yes no	
vital	yes no	yes no	ity	yes no	
commit	yes no	yes no	ed	yes no	
recur	yes no	yes no	ent	yes no	
valid	yes no	yes no	ate	yes no	
outhit	yes no	yes no	ing	yes no	
rebel	yes no	yes no	ed	yes no	
devil	yes no	yes no	ish	yes no	
crystal	yes no	yes no	ize	yes no	
total	yes no	yes no	ed	yes no	

Two Syllable Doubling Rule Phase 2-d Cumulative Review Phases 1-2

Base word	Divide the word. Does the word have two syllables?	Is the first syllable a prefix?	Suffix	Do you double the consonant?	Write the word. Say the word.
audit	yes no	yes no	or	yes no	
solid	yes no	yes no	ify	yes no	
outrun	yes no	yes no	ing	yes no	
item	yes no	yes no	ize	yes no	
control	yes no	yes no	ing	yes no	
bonus	yes no	yes no	es	yes no	
angel	yes no	yes no	ic	yes no	
occur	yes no	yes no	ence	yes no	
dispel	yes no	yes no	ed	yes no	
pivot	yes no	yes no	al	yes no	
emit	yes no	yes no	ed	yes no	
imbed	yes no	yes no	ing	yes no	
nomad	yes no	yes no	ed	yes no	
annul	yes no	yes no	ic	yes no	
beckon	yes no	yes no	ing	yes no	

Exceptions to the Two Syllable Doubling Rule: the second syllable fer

The following words follow the syllable accent rule with the r not doubling because the stress is on the first syllable.

differ   offer   proffer   suffer

The accent is on the second syllable now causing the r to double.

defer   infer   confer   prefer   refer

Adding a third syllable causes the accent to shift so doubling depends on the syllable accent.

confer
conferred
conferring
conferral
conferrer
conferrable

conference
conferential

defer
deferred
deferring
deferent
deference
deferential

differ
differed
differing
difference
different
differential
differentiate
differential

offer
offered
offering
offerer
offeror

infer
inferred
inferring

inference
inferential

prefer
preferred
preferring
preferrer

preferable
preference
preferential

proffer
proffered
proffering
profferer

refer
referred
referring
referrer

reference
referential
referendum

suffer
suffered
suffering
sufferer
sufferable
sufferance

transfer
transferred
transferring

transferencial
transferal
transference

transferrable
- or -
transferable

transferrer
- or -
transferer

Exceptions to the Two Syllable Doubling Rule: the second syllable fit

The following are doubled:

unfitted
befitting
refitting
outfitter
outfitting
outfitted

The following are not doubled:

profited
profiting
discomfiting
discomfited

It is now acceptable to either double or not double the **t** in **fit** as seen in the following words:

benefited   benefitted
benefiting   benefitting

Exceptions to the Two Syllable Doubling Rule: the second syllable cel

It is acceptable to double or not double the **l** in **cel** in the following words:

parceled parcelled
parceling parcelling

canceled cancelled
canceling cancelling

But always double in:

cancellation
cancellous

excellent

Exceptions to the Two Syllable Doubling Rule: the second syllable bat

The following can be either doubled or not doubled; the accent rule applies.

combating combatting
combated combatted

The following is not doubled:

noncombatant

Copyright © 2018 by Laughing Ogre Press

All rights reserved. This book is designed to be duplicated but may not be re-sold in any form.

Pam Mehlin, Karen Sonday
Laughing Ogre Press
4820 W. 77th Street, Suite 131
Edina, MN 55435
www.laughingogrepress.com

Ordering Information:
Please contact Laughing Ogre Press:
Tel: (952) 920-9280 or visit www.laughingogrepress.com.

Printed in the United States of America
Cover design by Monette Kollodge

First Printing, 2017

ISBN 978-0-9989181-0-5

Laughing Ogre Press
4820 W. 77th Street, Suite 131
Edina, MN 55435
www.laughingogrepress.com

Made in the USA
San Bernardino, CA
15 October 2018